SOUVENIRS

D'UN

CAPORAL DE GRENADIERS

(1808-1809)

OUVRAGES DU COMTE FLEURY :

Carrier à Nantes, 2me édition. Plon, 1897 ..... 4 francs.

Louis XV intime et les petites maîtresses, deuxième édition. Plon, 1899 .... 6 —

Les grandes dames pendant la Révolution et sous l'empire, in-8°. Vivien, 1900 .... 5 —

Souvenirs du colonel Biot, in-8°. Vivien, 1901. 7 fr. 50

Souvenirs du congrés de Vienne, in-8°. Vivien, 1901 par le Comte de la garde Chambonas... 7 fr. 50

Souvenirs de la comtesse de Montholon, Émile Paul, in-8°. 1901 .... 3 fr. 50

Quatre mois à la Cour de Prague 1833-1834. — L'éducation du duc de Bordeaux par le général marquis d'Hautpoul, Plon, in-8°, 1902....... 7 fr. 50

Histoire du palais de Saint-Cloud, grand in-8° jésus illustré. Laurens, 1902 .... 20 francs.

La France et la Russie en 1870, d'après les papiers du général Fleury. Émile Paul, 1902. 4 francs.

LE CARNET HISTORIQUE ET LITTÉRAIRE
Revue mensuelle illustrée (5me année)

Mémoires, Histoires, Romans, Correspondances, Voyages, Documents inédits, Études critiques.

LOUIS-JOSEPH WAGRÉ

LES PRISONNIERS DE CABRERA

SOUVENIRS

D'UN

CAPORAL DE GRENADIERS

(1808-1809)

Publiés par le comte FLEURY

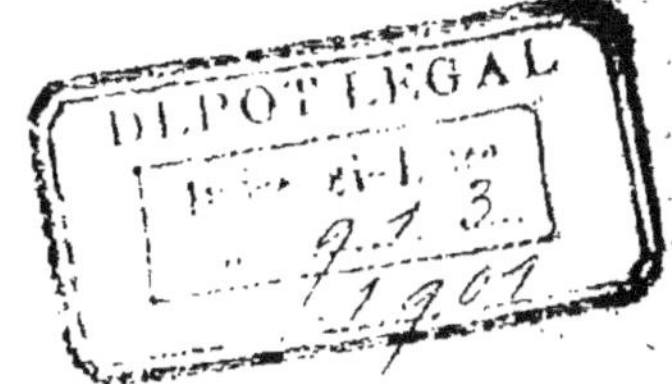

PARIS

EMILE PAUL, ÉDITEUR

100, FAUBOURG SAINT-HONORÉ, 100

1902

AVANT-PROPOS

Après la capitulation de Baylen (18 juillet 1808), les troupes françaises sous les ordres du général Dupont furent déclarées prisonnières de guerre et réparties sur différents points du territoire espagnol.

Plusieurs milliers d'officiers et de soldats, après avoir été détenus sur les pontons de Cadix, furent déportés à la petite île de Cabrera (archipel des Baléares).

C'est le récit des souffrances et des privations de toutes sortes endurées par les prisonniers pendant plusieurs années, avec leurs alternatives d'espoir et de découragement, que nous publions aujourd'hui. La relation simple et pittoresque du caporal Wagré prendra bonne place à côté des narrations de même ordre des *Souvenirs de Coignet*, au *Conscrit de* 1808 de F. Gille.

Wagré donne assez de détails sur sa vie pour qu'il ne soit pas nécessaire de la redire ici ; il vaut mieux laisser le lecteur en suivre les émouvantes péripéties sans être trop informé d'avance. Dans ce petit livre, au reste, il n'est pas que des tableaux navrants, — où la faim et la soif le disputent à la maladie pour torturer les prisonniers, — il est aussi des tentatives d'évasion, dont quelques-unes sont couronnées de succès, il apparaît enfin quelques riantes figures de femmes qui consolent le caporal de Grenadiers de ses longues souffrances.

Si Louis-Joseph Wagré trouva des sourires sur son chemin, en rentrant de ses dures années d'exil, il ne rencontra pas la fortune. Après avoir acclamé Napoléon au retour de l'île d'Elbe, il salua de ses ovations la rentrée de Louis XVIII... Les différents régimes ne modifièrent pas sa situation ; aide-boulanger il était avant de s'enrôler, boulanger il redevint, et il l'était encore en 1828 [1]. C'est alors que sur la prière, et avec l'aide de quelques amis plus lettrés, il classa ses notes et leur donna la forme telle que nous la présentons au public.

[1] A Paris, n° 15, rue Neuve-Saint-Martin.

SOUVENIRS
D'UN CAPORAL DE GRENADIERS

PREMIÈRE PARTIE

Je suis né à Gournay-sur-Aronde, près de Compiègne, où mon père exerçait la profession de boulanger. Ayant appris son état, je vins à Paris, et j'y fis la connaissance d'une charmante personne, qui, pour la première fois, inspira à mon cœur les douceurs de l'amour. Je ne parlerai point du bonheur que j'éprouvai près d'elle ; il fut hélas ! trop court ; car, quelque temps après, appelé en 1807 par le sort à faire partie des favoris de Bellone, je fus désigné pour la première légion d'honneur ; mais comme l'amour que j'avais pour ma maîtresse (Véronique était son nom) contrebalançait furieusement celui de la gloire, je devins conscrit réfractaire. Cependant, comme je n'étais pas en sûreté à Paris, il fallut que je me décidasse à le quitter et à abandonner mon amante ; je résolus donc de me rendre à Savigny-sur-Orge, chez un sieur Duval, maître boulanger, qui m'avait déjà plusieurs fois sollicité pour que j'allasse travailler chez lui. Comme je n'étais connu dans cet endroit que sous le nom de François, pensant que j'y aurais beaucoup moins à craindre qu'à Paris, je m'y rendis, et passai assez tranquillement les quatre mois que j'y restai : M. Duval et sa famille, qui connaissaient ma position, cherchaient à adoucir ce qu'elle avait de désagréable ; car, forcé de me cacher pour me soustraire aux poursuites dirigées contre moi, je n'osais me risquer à sortir, et ma retraite devenait une espèce d'esclavage. Les choses en étaient là lorsque j'appris qu'on tourmentait mon père pour qu'il me représentât, et que même on avait mis un garnisaire chez lui. A cette nouvelle mon devoir l'emporta : je me rendis à Beauvais, et me présentai devant le préfet, en faisant valoir une amnistie qui venait d'être accordée ; celui-ci me délivra une feuille de route avec l'ordre de rejoindre le régiment auquel j'appartenais, qui était en garnison à Lille.

Bon gré, mal gré, me voilà soldat ; et quittant tout pour courir après le bâton de maréchal, je me mis en route le 31 août 1807, et fis mon voyage sans qu'il m'arrivât aucune aventure, ce dont, pour ma part, je suis très fâché, car, pour rendre mon histoire plus intéressante, j'aurais désiré qu'elle commençât par quelque chose de remarquable. Mais si le lecteur veut prendre la peine de continuer jusqu'à la fin, peut-être sera-t-il dédommagé par le récit de celles qui m'arrivèrent plus tard.

Le premier jour, cependant, je trouvai dans une auberge, où je m'étais arrêté pour dîner, un jeune homme qui paraissait triste et abattu : son extérieur inspirant la confiance, nous liâmes conversation, et il m'apprit qu'il se dirigeait sur Lille pour rejoindre la première légion, et qu'il était conscrit; cette rencontre me flatta en ce qu'elle me procurait un compagnon de voyage. Après lui avoir fait connaître que j'étais dans le même cas, je lui demandai son amitié, et il me l'accorda avec franchise; je n'eus, depuis, qu'à me féliciter du choix que j'avais fait de cet ami, car Quedeville, c'était son nom, m'a toujours regardé comme son frère.

Après avoir scellé notre amitié par un dîner assez copieux, nous partîmes et arrivâmes au lieu de notre destination le 3 septembre ; mais, ayant obtenu la permission du commandant de place de rester deux jours en ville avant de nous rendre sous les drapeaux, nous en profitâmes pour visiter la ville de Lille. Il serait inutile ici de faire le détail de ce que nous y remarquâmes de curieux, car cela m'imposerait la loi de faire celui de tous les lieux par où j'ai passé par la suite ; et s'il en était ainsi, les Souvenirs du Caporal des Grenadiers ne ressembleraient pas mal à une géographie, et, franchement, peut-être ne brillerais-je pas dans sa rédaction : les études que j'ai faites n'ayant été ni longues ni coûteuses.

Quedeville et moi, à l'expiration de notre permission, nous nous rendîmes au quartier. Deux jours après, revêtus de l'uniforme, nous commençâmes notre apprentissage de héros par des *tête droite*, *tête gauche*, et des marches et des contremarches. J'ai eu occasion de remarquer à mes dépens que Messieurs les instructeurs abusent souvent de l'autorité qu'on leur confie pour maltraiter et, par conséquent, mal instruire les jeunes recrues auxquelles ils doivent montrer. Je ne veux cependant pas dire que cela soit général, car il en est à ma connaissance qui, employant la douceur, ont fait de meilleurs soldats, et en bien moins de temps que les premiers. Il serait donc à désirer que les chefs s'appliquassent à faire de bons choix, afin de ne pas décourager, dès leur premier pas dans la carrière militaire, ceux qui, malgré une vocation contraire, se trouvent contraints d'embrasser cette profession.

Je me suis permis cette petite digression, pensant trouver dans mes lecteurs des approbateurs; mais comme il ne m'appartient pas de réformer les abus, je reviens à ce qui me concerne, c'est-à-dire à mon histoire.

Malheureusement pour moi, l'argent que mon père m'avait donné lors de mon départ étant à peu près épuisé, je ne tardai pas à voir le fond de ma bourse; ce fut alors qu'il me fallut faire ce que l'on appelle de la philosophie de soldat : dans ces instants, passant mon temps à réfléchir et à faire une comparaison entre ma position passée et celle présente, qui ne pouvait être à l'avantage de cette dernière, malgré moi, je ne pouvais bannir de mon cœur le souvenir de mes amours; aussi, sachant mon amante à jamais perdue pour moi, cette idée remplissait mon âme d'une noire mélancolie qui me faisait désirer de me voir en présence de l'ennemi pour trouver un terme à mes maux. Bien souvent cette situation d'esprit a fait des héros; quant à moi, quelle que soit mon envie à cette époque de trouver le trépas, je ne fus pas rangé dans cette classe, car le Ciel, qui ne voulait pas sans doute qu'il en fût ainsi, me réservant une existence remplie de peines et de traverses, permit que notre régiment eût ordre de partir pour l'Espagne ; il permit encore qu'en route, et passant par Dax, je tombasse malade, ce qui me força d'entrer à l'hôpital. Certes, si l'ennui tuait, bien certainement j'y serais mort ; mais, grâce à ma bonne constitution et aux soins que me prodigua une Sœur de la Charité qui m'avait pris en amitié, je fus en état d'en sortir un mois après, bien portant de corps, mais l'esprit furieusement malade, l'image de celle que j'adorais me poursuivant partout.

Peut-être ici serait-ce là le cas d'en faire le portrait ; car tout historien, amoureux surtout, ne doit pas s'écarter de la règle ordinaire ; mais comme je ne connais pas le goût de chacun de mes lecteurs et qu'il pourrait s'en trouver qui ne partageraient pas le mien, je me bornerai à dire que, pour moi, elle possédait toutes les qualités et réunissait tous les attraits.

Je quittai Dax et pris le coche pour me rendre à Bayonne, croyant y trouver encore le régiment que j'avais quitté pour faire une visite à l'hôpital et me réconcilier avec la santé : tout le monde sait ce que c'est qu'un coche, et n'ignore pas que chacun, selon la différence des caractères, peut, dans une route toujours longue, y trouver l'ennui ou l'agrément. Quant à moi, mon voyage se fit dans un état voisin de l'un ou de l'autre, et, après avoir vogué pendant dix-huit heures, de toute la rapidité des six lourds chevaux qui traînaient la diligence, nautique, je débarquai à Bayonne avec plusieurs camarades sortis en même temps que moi de l'hôpital. Nous apprîmes, à notre arrivée, que le régiment était entré en Espagne, mais le dépôt était à la citadelle, et nous y allâmes aussitôt. Comme mes effets avaient été mis au magasin, mon premier soin fut de les y aller chercher : là je trouvai mon sergent-major et une dame que je ne connaissais pas pour être l'épouse de mon colonel; cette dame me demanda, ainsi qu'à un autre soldat présent, si nous voulions lui rendre le service de transporter chez elle une malle qu'elle nous montra, ce que nous fîmes de suite. Arrivés à l'appartement qu'elle avait en ville, elle me demanda mes noms; je fus assez surpris, à cette question, ne sachant à quoi l'attribuer; cependant je lui répondis que je m'appelais Joseph Wagré, et que j'étais soldat à la première légion d'honneur. « Eh bien, Wagré, me dit-elle, j'enverrai votre nom à votre colonel; il est mon époux, et je vous recommanderai. » Je fus charmé de cette circonstance qui me faisait prévoir, sinon de l'avancement, car je savais rendre justice à mon mérite, mais qui me donnait l'espérance, si je parvenais à mériter la faveur qui m'était promise, d'obtenir facilement la permission d'exercer mon état de boulanger aux armées.

Plein de cet espoir, je retournai auprès de mon sergent-major, auquel je racontai ce qui venait de m'arriver; il m'en félicita, et me remit mon bagage. Comme nous restâmes encore trois mois à Bayonne, avant de recevoir l'ordre de rejoindre le régiment en Espagne, je profitai de ce temps pour travailler en ville et remettre mes finances en état.

Entrés en Espagne et arrivés à Vittoria, notre détachement fut chargé de fournir une escorte à un convoi de dix-huit voitures de biscuit, d'avoine et d'orge, que l'on devait conduire au quartier général; je fus en cette occasion nommé caporal postiche, et, avec quatre hommes, commandé pour diriger et protéger le convoi contre toute attaque. Le soir, nous arrivâmes dans un village où, après avoir rempli les devoirs de mon nouveau grade, j'allais me retirer, lorsque

tout à coup nous fûmes entourés d'une soixantaine de paysans, couverts de manteaux et armés
de bâtons ; ils vinrent rôder autour de notre
convoi, et paraissaient avoir des intentions qui
me semblèrent ne rien dénoter de bon pour
nous. Comme nous n'étions armés que de nos
fusils, et que nous n'avions pas de cartouches,
force nous fut de les laisser allumer de grands
feux, et d'attendre le résultat de leurs desseins.
Cependant, pour leur en imposer, je fis faire
à mon peloton le simulacre de charger les
armes : cela fait, je me tins sur mes gardes,
car j'étais assez inquiété de leurs manières ; ils
venaient à tout moment comme pour lier conversation avec nous, et paraissaient vouloir
s'emparer de nos fusils, qu'ils ne cessaient de
regarder et de vouloir toucher. Enfin, ne sachant
à quoi me résoudre envers eux, je me hasardai
à aller frapper à une maison d'assez belle apparence, que je voyais à peu de distance du lieu
où nous étions campés. J'y allai, en effet, et
trouvai deux individus qui me reçurent fort
civilement ; après leur avoir expliqué, tant bien
que mal, le sujet de ma visite, ne m'exprimant
que très difficilement en espagnol, et eux n'en-
tendant pas mieux le français, ils eurent la complaisance de se transporter avec moi sur la place,

et d'intimer aux paysans l'ordre d'être tranquilles, et même de se retirer, ce qu'ils ne voulurent pas faire. Pour nous rassurer sur ce que
nous avions à craindre de leurs intentions, que
je n'ai jamais pu interpréter depuis, nos pro-
tecteurs, car je crois pouvoir les nommer ainsi,
eurent la bonté, lorsqu'ils nous quittèrent, de
nous envoyer du vin, et de me dire que, dans le
cas où il arriverait quelque chose, je n'avais
qu'à aller frapper à un volet de leur maison
qu'ils me montrèrent, et qu'ils se feraient un
véritable plaisir de venir rétablir l'ordre.

Nos craintes, heureusement, ne se réalisèrent
pas ; peut-être dûmes-nous notre salut à la présence des deux étrangers, car, après qu'ils se
furent retirés, ceux que nous redoutions, pas-
sèrent le reste de la nuit assez tranquillement.

A la pointe du jour, je fus rendre compte au
chef du convoi de ce qui s'était passé pendant la
nuit ; il me dit que j'aurais dû faire tirer sur
ces perturbateurs : c'était aussi l'avis des charretiers, quoiqu'ils fussent Espagnols ; quant à
moi, je ne partage pas leur opinion, car je crois
que, si cela nous eût été possible, n'ayant pas de
cartouches, nous eussions eu tort de le faire
et aggravé le danger de notre position.

En passant par la première ville, je fis mon

rapport au commandant de place ; celui-ci, pour éviter que pareille chose se renouvelât, renforça l'escorte de vingt hommes, commandés par un sergent, et nous fit délivrer, à chacun, trois paquets de cartouches, ce qui fut fort prudent, comme on va le voir.

Le lendemain, arrivés dans un village situé dans une vallée et peu distant de Madrid, l'alcade nous délivra des billets de logements pour aller chez les habitants. Ceux-ci ne voulurent loger, ni nous, ni nos chevaux, ce que nos charretiers voyant, ils invectivèrent les paysans dans leur langage, et il y en eut même qui se battirent avec eux à coups de couteau. Voulant éviter l'effusion de sang et prévenir les malheurs qui ne pouvaient manquer d'arriver, par suite de la fureur où étaient les combattants, nous interposâmes notre autorité pour faire cesser cette rixe, mais nos efforts furent sans succès, et nous ne pûmes empêcher qu'il n'y eût quelques paysans de blessés : l'acharnement était à son comble, ce qui nous força, pour en imposer aux mutins, de faire trois ou quatre décharges en l'air, ce qui nous réussit. L'on se calma peu à peu, de part et d'autre, et, moitié vainqueurs, moitié vaincus, les habitans consentirent à loger les charretiers et leurs chevaux, mais ils se

refusèrent opiniâtrément à en faire autant de
l'escorte. Nous n'insistâmes pas : l'Espagne étant
en pleine insurrection, nous ne voulûmes en
rien coopérer aux troubles qui devenaient de
jour en jour plus fréquents.

Enfin nous arrivâmes au quartier général,
où la misère se faisait grandement sentir ; dans
cette occasion, ce qui ne me fâcha pas, c'est
qu'on nous envoya, moi et mes camarades,
rejoindre le régiment qui était à Ségovie, où
je ne fus pas plutôt arrivé, que j'appris que je
n'avais pas été oublié par l'épouse de mon colonel et que j'allais être nommé fourrier ; cette
nouvelle me fit éprouver un vif plaisir ; mais
comme, malheureusement, mon mérite ne s'éten-
dait pas bien loin, je fus forcé, lorsque j'allai
remercier cette dame de ses bontés pour moi,
de refuser le grade qu'elle m'avait fait obtenir.
Elle mit le comble à sa bienveillance et à l'intérêt qu'elle me portait, en me disant : « Puis-
« qu'il en est ainsi, prenez au moins le grade
« de caporal ; cela vous sera toujours plus avan-
« tageux que de rester simple soldat. » Rien ne
s'opposant à cela, quelques jours après je l'obtins,
et je suis, pendant tout le temps que j'ai été
militaire, resté caporal, ainsi qu'on le voit par
le titre de mes Souvenirs.

Quelque temps après ma nomination, une partie des troupes qui étaient à Ségovie reçut l'ordre d'aller rejoindre la première division commandée par le général Dupont qui se trouvait à Andujar. En traversant les gorges de Pègue à Pérou, avant d'arriver à la Caroline, nous fûmes attaqués par près de 60.000 hommes, tant troupes réglées que paysans ; mais le général Vedel, qui nous commandait, ayant été averti de cette attaque, employa une ruse qui lui réussit et qui nous sauva d'une perte certaine, car nous n'étions que 10.000 hommes, et nous eussions, sans cela, infailliblement péri dans les défilés où nous étions obligés de passer.

Voici comment il s'y prit :

Sa division, comme je viens de le rapporter, était de 10.000 hommes environ ; il en détacha 4.000 qu'il divisa en deux colonnes, et envoya l'une à droite et l'autre à gauche sur les hauteurs, avec l'ordre, afin de donner le change à l'ennemi, de tirer une grande quantité de coups de canon à poudre, ce que les chefs de ces colonnes firent faire aussitôt qu'ils arrivèrent sur ces hauteurs. Les Espagnols, trompés par cette manœuvre, furent tellement effrayés, qu'ils battirent en retraite, croyant que toute l'armée était à leur poursuite ; de notre côté, pendant que cela se passait, nous nous avancions dans les gorges sans aucun empêchement ; et les traversant, nous arrivâmes sans avoir tiré un coup de fusil dans l'endroit occupé auparavant par les Espagnols, qui, en fuyant, avaient abandonné un approvisionnement considérable en vivres, effets, etc., dont il nous eût été facile de nous rendre possesseurs, si nous n'avions craint d'être poursuivis, car notre ruse ne pouvait tarder à être découverte.

Nous n'eûmes, dans cette affaire, à regretter que la perte de quelques hommes qui furent atteints par le feu d'une batterie de six pièces de canon qui se trouvait masquée, et que nous n'avions pas aperçue. Après avoir passé les gorges, l'on battit le rappel : tout le monde se rassembla, et nous nous portâmes sur un village à une lieue de là, pour y passer la nuit ; nous n'en fûmes en aucune manière empêchés, car à notre arrivée nous trouvâmes toutes les habitations désertes.

S'il nous fut facile de nous loger, il n'en fut pas de même pour nous procurer des vivres, et il fallut nous contenter du peu que les paysans avaient bien voulu nous laisser, probablement parce qu'ils n'avaient pas eu le temps de l'emporter, et qui consistait en une très petite quantité d'huile, de vin et de blé, comparativement à notre nombre.

Le lendemain, nous campâmes à la Caroline, dans les oliviers. Fort heureusement pour moi que j'avais découvert la veille, dans une des maisons abandonnées, une assez bonne provision dont je fis mon profit, et qui me fut d'un grand secours dans cette circonstance, car nous manquions généralement de vivres, n'ayant que quelques voitures de biscuits.

Après être restés deux jours à la Caroline. nous nous dirigeâmes sur Baylen : chemin faisant, et passant par un bois d'oliviers, nos soldats trouvèrent un troupeau d'environ mille chèvres ; aussitôt chacun se mit en devoir de faire des prisonniers, espérant se récompenser à leurs dépens des privations qu'il avait souffertes. Forcées de se rendre, les malheureuses chèvres, à l'exception de quelques-unes qui s'échappèrent, devinrent la proie des vainqueurs : l'on en fit un carnage épouvantable, et déjà l'on s'apprêtait à profiter de la rencontre, lorsque tout à coup le canon de la première division, qui était à Andujar aux prises avec l'ennemi, se faisant entendre, il fallut nous contenter de ce que nous pûmes emporter de notre victoire, et continuer notre route sur Baylen.

Ce fut le seul des villages, par où nous ayons passé depuis six jours, que nous ne trouvâmes pas désert, ce qui nous surprit beaucoup; aussi le traversâmes-nous tambour battant, musique en tête, et établissant notre camp à sa sortie : nous nous organisâmes pour y séjourner pendant quelque temps.

Huit jours après, une partie de la deuxième division avança sur Caenne, ville à six lieues de Baylen et défendue par huit mille hommes environ. Nous étions désignés au nombre de trois mille trois cents, y compris trois cents hommes d'artillerie et de cavalerie, pour commencer l'attaque. Notre colonel, le brave M. Molard, nous fit avancer, l'arme au bras, en colonne serrée, jusqu'à la ville, afin de mieux surprendre l'ennemi. Au pied du plateau qui défendait les premiers retranchements, nous nous déployâmes, et ayant essuyé le premier feu, l'action s'engagea aussitôt. Après deux heures d'un combat opiniâtre, les Français se rendirent maîtres de la redoute et prirent la ville d'assaut.

A la pointe du jour, le lendemain, les Espagnols nous attaquèrent avec une nouvelle ardeur et nous reprirent la ville ; mais ils ne la conservèrent pas longtemps, car nous les

chassâmes encore une fois après leur avoir fait
éprouver des pertes considérables.

Huit mille des leurs étant venus les renfor-
cer, le troisième jour au matin, ils nous reprirent encore une fois la ville ; mais sur les deux
heures de l'après-midi, ayant à notre tour reçu
un renfort de trois cents hommes et de deux
pièces d'artillerie, nous mîmes le feu à la ville,
ce qui les força encore une fois à l'évacuer.

Ce fut involontairement cependant que nous
en vînmes à cette extrémité, le feu s'étant com-
muniqué par quelques couvents qui touchaient
à la ville, et que nous avions bombardés pour
mettre un terme au mal que nous faisaient les
batteries qu'on y avait établies.

Le même jour, le colonel Molard, ayant appris que douze mille hommes, commandés par
le général Castagnos, devaient nous livrer bataille, et, voyant bien que notre position n'était
pas soutenable, nous fit lever le camp â
onze heures du soir.

En effet, le lendemain matin, les troupes
espagnoles arrivèrent ; elles étaient précédées
par un nombre considérable de paysans qui se
jetèrent avec fureur sur les blessés que nous
avions été forcés d'abandonner dans notre
retraite : ils en massacrèrent plusieurs, et au-

raient achevés leur abominable action, sans le
général Castagnos, qui arriva assez à temps
pour les empêcher de consommer leur crime. Il
arracha de leurs mains ceux qui respiraient
encore et les fit conduire à l'hôpital, où on leur
prodigua les soins que réclamait leur position
et que l'humanité commandait.

Hélas ! ces scènes déplorables se sont malheureusement trop souvent renouvelées dans le
cours du séjour de l'armée française en Espagne,
où le fanatisme et la religion semblaient auto-
riser, à cette époque, les crimes les plus horribles, et faisaient de chaque Espagnol un as-
sassin.

Un événement, qui nous arriva le deuxième
jour de combat, nous coûta deux cents hommes
à peu près.

On était dans le temps des moissons, et l'on
avait amoncelé les blés en tas sur le plateau ;
mais comme il y avait, sous une des meules,
un amas de poudre, les obus que nous lançaient
les Espagnols, y ayant mis le feu, deux compagnies entières furent victimes de l'explosion
qui eut lieu ; la plupart des hommes furent
brûlés dans leurs habits, et périrent sans que
l'on pût leur porter le moindre secours.

Nous rejoignions la première division qui était à Andujar, lorsqu'à trois lieues de Baylen près d'une rivière qui se trouve en cet endroit, nous fûmes attaqués encore une fois par des troupes réglées ; je dis troupes réglées, parce que nous n'avions pas toujours affaire à elles, ayant bien souvent à combattre contre les paysans, qui nous attaquaient dans des embuscades. Cette fois, comme nous n'étions pas en force, nous fûmes obligés de passer cette rivière à gué pour éviter une action dont le résultat ne pouvait être douteux, attendu que nos moyens de défense ne répondaient pas à leur nombre, leur position leur donnant tous les avantages.

Après cette retraite, nous vendîmes ce que nous avions pris, à Caenne, à des paysans qui vinrent à notre rencontre pour nous acheter tout ce dont nous voudrions nous défaire. Il est une justice à leur rendre, c'est que si les objets dont nous étions possesseurs ne nous coûtaient pas cher, ils s'arrangèrent de manière à ce qu'ils leur revinssent à presque aussi bon marché, ne nous donnant à peine pas le tiers du prix de la valeur des choses.

Le général Dupont se trouvant bloqué à Andujar, nous allâmes à son secours ; mais comme nous-mêmes étions entourés de tous côtés, nous fûmes obligés de rétrograder, et de faire des marches et contre marches qui nous ramenèrent, malgré nous, à 4 ou 5 lieues en arrière de Baylen, sur la route de la Caroline, où nous rejoignîmes la 3e division.

A cette époque, les vivres commençaient à devenir de plus en plus rares, et nous n'osions pas nous hasarder à en aller chercher isolément, car nous avions à redouter la fureur des paysans, qui très souvent s'étaient portés à des cruautés infâmes envers un grand nombre de soldats français qui avaient eu l'imprudence de s'éloigner du gros de l'armée.

Ces atrocités qui se renouvelaient chaque jour, jointes aux difficultés que nous éprouvions pour faire arriver nos convois, qui presque toujours étaient interceptés par les Espagnols qui étaient maîtres de la majeure partie des passages, ne tardèrent pas à répandre la plus affreuse misère dans notre camp, et il n'y avait qu'en courant les plus grands dangers qu'on parvenait à se procurer quelques vivres. Dans ces entrefaites, il fut question de la capitulation du général Dupont : pendant deux jours il y eut un mouvement continuel, et l'on ne vit pendant ce temps qu'aller et venir les parlementaires de part et d'autre[1].

Enfin, le 22 juillet 1808, les articles de cette capitulation furent signés, et ses principales conditions étaient que, depuis le plus petit grade jusqu'au plus élevé, tout le monde garderait ses armes, et que notre corps d'armée devait se rendre à Cadix, et de là rentrer en France avec armes et bagages, ce qui n'eut pas lieu, car nous fûmes trahis par ceux qui avaient fait et signé cette capitulation : le roi n'était déjà plus en Espagne, et l'on se faisait un jeu de rompre les traités.

Par suite des pertes que nous avions faites dans les différents combats que nous avions livrés ou soutenus, notre division n'était plus composée que de 22.000 hommes à peu près, car on peut évaluer à 8.000 le nombre de ceux qui avaient péri ou été faits prisonniers.

Pour sauver les apparences d'une trahison bien évidente, il fallait, au moins, que les articles de la capitulation reçussent un commencement

1. En outre des récits officiels, voir dans le *Carnet historique et littéraire*, tome VI, 1900, un curieux récit de l'affaire de Baylen par le général de Caffarelli. Dans le même tome, les *Souvenirs* de Flamen d'Assigny également sur l'affaire de Baylen.

d'exécution, et, dans cette occurrence, nous eûmes l'humiliation de défiler devant l'armée ennemie, après quoi nous allâmes coucher à deux lieues de là; ensuite on nous désigna nos cantonnements respectifs, et nous marchâmes par colonnes de 6 à 8.000 hommes, escortés par des troupes espagnoles, ce qui n'empêcha pas que, dans quelques-unes des villes un peu considérables, nous ne fussions insultés par la populace et assaillis par une grêle de pierres.

J'ai dû rapporter dans cet ouvrage quelques-unes des circonstances qui amenèrent ma captivité, ainsi que celle de mes infortunés compagnons. N'ayant pas eu l'intention de devenir l'historien de la guerre d'Espagne, et forcé de renfermer la plupart des faits dans un cadre très resserré, le lecteur voudra bien sans doute suppléer à ce que j'aurais pu omettre, et se reporter aux relations de ces événements qui ont été données à cette époque, et qui, s'étant passés de nos jours, ne peuvent d'ailleurs être entièrement sortis de sa mémoire.

Maintenant, quittant un théâtre où je n'ai rempli qu'un rôle très secondaire, je vais entreprendre de retracer les malheurs personnels qui m'ont accablé. Combien de fois, hélas! depuis qu'un jour plus heureux a lui pour moi, n'ai-je pas éprouvé un pénible souvenir lorsque ma mémoire cherche à se rappeler les maux que j'ai endurés ! Il me semble quelquefois que ce n'est qu'un songe, car il est difficile de se faire une idée de ce que nous avons souffert; et, quand on aura lu ces Mémoires, peut-être doutera-t-on de leur véracité, car on aura peine à se persuader qu'il ait pu s'échapper un seul homme des 19.000 prisonniers entrés dans l'île de Cabréra.

Je fus compris dans un détachement de 3 à 400 hommes au nombre desquels se trouvaient mon colonel et les officiers de son régiment : notre destination était pour la Poibla, entre Morou et Ausonna, et, dès ce moment, on donna à chaque soldat une ration de pain et une demi-piécette par jour (la piécette vaut dix sous de France). Quant aux officiers, ils recevaient une paie et étaient rationnés aussi selon leurs grades.

Mes camarades étaient entassés dans un couvent, et ne pouvaient en sortir dans la crainte d'être massacrés par les paysans. Pour moi, comme je jouissais de la confiance de mon colonel, je le suivis en qualité de gardien de ses équipages.

L'auberge où nous étions s'appelait la Posada;

nous eûmes l'avantage de nous faire bien voir de nos hôtes, et de nous mettre également bien avec les habitants de la maison, qui avaient beaucoup d'égards pour moi ainsi que pour trois de mes camarades qui avaient différents emplois auprès du colonel. Nous eûmes plusieurs fois lieu de nous glorifier de l'intérêt qu'ils nous portaient, car lorsqu'il arrivait des paysans loger chez eux, ceux-ci ne manquaient pas de dire lorsqu'ils nous voyaient : *Caraco francèse;* les maîtres de l'auberge s'empressaient de dire : *Oh! none, bonne moustiacho* (bonnes gens, bons enfants). Enfin, dans maintes circonstances, ils nous évitèrent d'être victimes des querelles que les paysans ne manquaient pas de nous chercher pour avoir occasion d'en venir aux mains.

Nous attendions avec assez de patience la fin de notre captivité, lorsqu'il arriva dans tous les cantonnements des prisonniers français l'ordre de faire une visite générale dans leurs casernes, afin de s'assurer s'ils n'avaient pas en leur possession des effets provenant de pillage.

Tout ce qu'il y avait de troupes à la Poibla fut soumis à cette recherche; notre tour vint aussi, mais on ne trouva pas grand'chose, nous étant défait à l'avance de ce que nous avions pris à Caenne. L'un des quatre commissaires espagnols qui firent cette visite, m'adressant la parole, me demanda si j'étais Français ; sur ma réponse affirmative, il me demanda encore comment il se faisait qu'il y en avait parmi nous qui se disaient être Allemands et Italiens ; je ne crus pas lui devoir laisser ignorer que quelquefois nos soldats employaient cette ruse pour se débarrasser des paysans lorsqu'ils en rencontraient, et cela pour échapper aux extrémités auxquelles ces derniers se portaient envers tous les Français qui tombaient entre leurs mains.

Notre conversation s'engagea sur d'autres sujets, et il est à croire que mes réponses plurent au signor don Rodriguès, car il me demanda si je voulais aller avec lui dans sa maison, et qu'il m'occuperait ; et il me dit même que si je pouvais amener un de mes camarades avec moi, je n'avais qu'à le faire. Comme mes occupations chez le colonel me le permettaient, j'acceptai. Rendus chez lui, il nous fit transporter une grande quantité de longues perches d'une cour à l'autre, après quoi, m'ayant appelé, il me fit entrer dans sa maison où je trouvai sa famille réunie ; elle se composait de son épouse et de ses enfants, qui étaient au nombre de huit, y compris son gendre. M'ayant fait asseoir, il m'offrit un verre de vin de Malaga, et me questionna sur ce que je voulais pour ma peine ; lui ayant répondu qu'il me donnerait ce qu'il voudrait, il m'offrit alors une piécette pour moi et mon camarade, ce qui me satisfit autant pour lui que pour moi, car nous n'étions guère en fonds ni l'un ni l'autre.

J'allais me retirer quand don Rodriguès, entamant une nouvelle conversation, la fit tomber en partie sur la France, et principalement sur la religion et la manière dont nous l'exercions. Après avoir répondu de mon mieux à toutes ces questions, je les entendis se dire les uns aux autres que nous étions meilleurs catholiques que beaucoup d'Espagnols.

Après cet entretien, don Rodriguès et son épouse me sollicitèrent pour que je restasse à travailler chez eux ; je leur dis que je ne demandais pas mieux, mais qu'étant avec mon colonel, je ne pouvais disposer de ma personne ni de l'emploi de mon temps sans son autorisation. « Puisqu'il en est ainsi, reprit-il, je me charge d'arranger cette affaire ». Effectivement, le jour même, il lui en fit la demande, tout en lui adressant des éloges sur mon compte. Enfin cette affaire s'arrangea, et je passai au service de mon nouveau maître le lendemain.

Une partie de cette journée se passa à peu près comme celle de la veille, c'est-à-dire en conversation ; ensuite il me conduisit dans une ferme qui lui appartenait, où, après avoir pris un bon repas, il me fit faire quelques petits ouvrages.

Quelques jours après, j'avais gagné l'amitié de toute la famille, et j'étais regardé plutôt comme l'enfant de la maison que comme un ouvrier, car je passais presque tout mon temps à aller à la chasse avec le fils aîné de don Rodriguès, et, le soir, tout le monde se réunissant, j'étais admis à faire partie de la société ; d'autres fois j'allais avec ce jeune homme faire visite à ses amis, et partout je n'ai eu qu'à me louer de l'accueil que me valait sa présentation.

Tous les Français, prisonniers de guerre à la Poibla, allaient à la messe le dimanche, accompagnés de leurs officiers ; c'était la seule sortie qu'ils pussent faire en toute sûreté, car autrement ils ne pouvaient se risquer hors de leurs casernes sans courir le danger d'être assassinés. Quant à moi, lorsque j'étais obligé d'aller seul chez les amis de don Rodriguès, ou bien qu'il m'envoyait chez un de ses parents qui avait une ferme à deux lieues de la Poibla, je prenais une mule et un des chiens de la ferme, ce qui me servait de sauf-conduit, car don Rodriguès étant généralement estimé; on me reconnaissait pour appartenir à sa maison, et c'est ce qui fit que plusieurs fois j'échappai au sort de mes camarades. Cependant un jour, en me rendant à la ferme dont je viens de parler, je rencontrai dans un bois sept à huit paysans qui conduisaient des voitures traînées par des bœufs; ils me demandèrent de quelle nation j'étais; je crus en cette occasion devoir leur faire un mensonge, et je leur répondis que j'étais Flamand pour cacher ma qualité de Français, qui m'aurait exposé à être leur victime, si toutefois ils avaient eu de mauvaises intentions. L'un d'eux reconnaissant la mule sur laquelle j'étais monté pour appartenir à don Rodriguès, la fit remarquer à ses compagnons, qui aussitôt m'en firent descendre pour m'obliger à boire avec eux et à causer. Comme j'étais pressé, je ne tardai pas à leur témoigner le désir que j'avais de les quitter, ce qu'ils me laissèrent faire; mais ne pouvant remonter seul sur ma mule, faute d'étriers, un de ces paysans s'offrit pour m'aider, et ayant mis un genou en terre, j'en profitai de suite pour me remettre en selle. J'étais intérieurement enchanté de m'en tirer à si bon marché, connaissant à quelles gens j'avais eu affaire, et charmé en même temps de m'être assuré jusqu'à quel point don Rodriguès leur en imposait.

On dira peut-être que j'avais tort de renier ma patrie; mais dans des cas semblables il était prudent d'en agir ainsi; et comme il n'y a pas de gloire à affronter un danger certain lorsqu'on peut l'éviter sans lâcheté, je dis dans cette circonstance que j'étais Flamand, parce que ceux qui se disaient Allemands ou Italiens trouvaient parmi les Espagnols des hommes qui connaissaient ces deux langues et qui les embarrassaient par leurs questions, de sorte que plusieurs fois il y en eut qui furent dupes de leur ruse. Ceux qui se disaient Français étaient certains d'être immolés à la fureur des Espagnols, qui leur en voulaient à la mort, et considéraient les Allemands, les Suisses, les Italiens, etc., qui étaient dans nos rangs comme des troupes forcées par la France à marcher contre eux.

Je continuais ma route lorsqu'avant d'arriver à la ferme, je vis, non loin de quelques vignes que je devais traverser, d'autres paysans qui, m'ayant reconnu, s'écrièrent: *Une Francèse, abaco la cabesse!* (Un Français, à bas la tête). Quoique peu rassurants, ces cris ne m'épouvantaient pas trop ; j'étais depuis longtemps habitué à ces sortes de gentillesses. Ici, ma mule et mon chien me servirent encore de talisman : les paysans s'apaisèrent un peu, et je leur tins le même langage que j'avais tenu aux autres lors de ma première rencontre; et pour m'en débarrasser tout à fait, je leur demandai s'il y avait encore loin d'où nous étions à la ferme de don Miguel; ils me répondirent que non, et furent reprendre leur travail : je continuai ma route jusqu'à la ferme, où j'arrivai sans autre malencontre. Après être resté deux ou trois heures chez don Miguel, avec lequel je dînai, nous partîmes pour la Poibla. Lorsque nous fûmes arrivés, je racontai à don Rodriguès ainsi qu'à sa famille mes aventures, et don Rodriguès parut satisfait de ce qu'il ne m'était rien arrivé de fâcheux, et flatté en même temps de la nouvelle preuve de l'ascendant qu'il conservait sur l'esprit des paysans.

Je vais rappeler encore un fait qui me surprit beaucoup, et qui prouve en faveur de l'inaltérable bonté de don Rodriguès : comme l'emploi de mon temps chez lui était plutôt une longue partie de plaisir qu'un véritable travail, il ne m'était pas venu à l'idée d'espérer d'autre récompense que les égards multipliés qu'il avait pour moi. Le jour où cet homme excellent payait son monde, il me fit appeler et me dit : « Hé bien, Joseph! tu ne veux donc pas que je te paie ? pourquoi ne viens-tu pas avec les autres ? » Je m'excusai en lui représentant que, n'ayant droit à aucune espèce de salaire, je devais me considérer comme plus que dédommagé par les bontés qu'on avait pour moi, pauvre soldat prisonnier. Il insista et me demanda combien je désirais recevoir. Je crus devoir lui répondre que je m'en remettais entièrement à sa justice, et qu'il ne m'appartenait point de fixer sa générosité. « Dans ce cas, dit-il, je vais te payer comme les autres; seras-tu content? Rappelle-toi, ajouta-t-il, que tous les samedis je paie mes ouvriers et que tu dois te présenter avec eux. » Je fus alors considéré comme appartenant réellement aux gens de la maison, et mes petits bénéfices montèrent à environ 18 sous de France par jour. Ce jour-là même, après ce que je viens de raconter, don Rodriguès me fit l'éloge de L'Etang, qui était un de mes camarades que j'avais fait entrer chez lui; il l'appelait Pedro, et, comme moi, était occupé dans la maison. Toute la famille en était charmée ; c'était un garçon d'une grande gaîté, qui chantait passablement, assez bien même pour qu'on le priât de chanter quelquefois, et pour parvenir à se rendre agréable.

Pedro fut occupé à creuser un fossé, et comme la chasse s'était ralentie, je m'offris pour l'accompagner. Au bout de deux jours de travail, don Rodriguès vint nous voir. Il s'extasia sur notre adresse et notre promptitude, nous recommanda fortement de ne pas trop nous fatiguer, et nous donna à entendre que quatre Espagnols auraient eu peine à faire entre eux tout l'ouvrage que nous avions fait à nous deux.

Le fossé étant terminé, je repris la chasse, et don Rodriguès me proposa de lui faire du pain à la façon de Paris. J'acceptai cette proposition ; je fus au moulin chercher de la farine, et j'eus le bonheur de réussir à faire du pain, qui parut assez bon pour que l'on me priât d'en faire à plusieurs reprises, et pour que don Rodriguès me chargeât d'en porter à mon colonel, et de lui dire que cet envoi n'avait d'autre but que de lui procurer le plaisir de goûter du pain comme celui de son pays et fait par un de ses soldats. Le colonel était d'ailleurs fort estimé de don Rodriguès. Je lui portais de temps en temps un lapin, produit de notre chasse, et il passait assez souvent la soirée au sein de la famille de don Rodriguès, où j'étais assez heureux pour être également admis. Il est vrai que je les égayais souvent par la manière dont je parlais l'espagnol, que cependant je commençais à entendre passablement. Si je voulais dire *vous*, c'était *toi* que je prononçais; je confondais toujours la seconde personne du singulier avec celle du pluriel, de manière que les demoiselles surtout riaient un peu à mes dépens. Ce fut l'aimable signora Carmez, fille de don Rodriguès, qui se chargea de me faire apercevoir des fautes de langage et de me perfectionner un peu.

Une circonstance se présente naturellement ici de faire voir jusqu'à quel point j'étais bien vu dans la maison de don Rodriguès. Un jour, la signora Carmez, en riant avec moi, me pencha un peu la tête de côté, comme pour voir quelque chose. S'étant aperçue que j'avais les oreilles percées, elle me demanda où étaient mes boucles d'oreilles. Je lui dis que les soldats espagnols me les avaient prises. « Ah! pauvre malheureux! s'écria-t-elle »; et aussitôt elle ôta les siennes et les mit à mes oreilles, en me disant qu'elle en avait d'autres. J'avoue que je commis un mensonge en disant à la signora Carmez que mes boucles d'oreilles m'avaient été prises par les Espagnols, car, pour éviter que cela n'arrivât, je m'en étais défait quelque temps auparavant.

La bonté de toute la famille de don Rodriguès était sans égale. Il y avait dans la maison un pauvre aveugle qu'on avait retiré par charité, et dont on avait soin. Ce malheureux m'avait pris en amitié. Lorsqu'il ne m'entendait pas, il me cherchait en tâtonnant ; et, lorsqu'il avait réussi à me trouver, il me connaissait au toucher, et s'écriait avec joie : « Ah ! le voici, ce cher Joseph ; je le tiens. » Cette délicatesse du tact me surprenait infiniment, et je me faisais quelquefois un jeu de me faire découvrir et reconnaître ainsi.

Cependant la noire jalousie, cette passion qui tue celui qui en est atteint et rend malheureux celui qui en est l'objet, me réservait une scène cruelle. Un domestique de la maison, envieux des amitiés et de l'accueil obligeant qu'on me faisait, vint un matin me commander un ouvrage qu'il n'appartenait à personne de me commander. Le ton haut et brutal qu'il prit me choqua, et je lui répondis fièrement qu'il eût à se mêler de ce qui le regardait. « Fais-le, me dit-il en tirant son couteau, et tais-toi, ou je te tue. » Je ne pus me contenir plus longtemps ;

je me saisis d'une petite hache et le menaçai
de lui fendre la tête s'il faisait un seul pas.
Malgré cette menace, il avançait, quand l'aveugle
et une servante qui se trouvaient présents,
s'opposèrent à sa fureur et parvinrent à le cal-
mer. Quelques instants après, je trouvai par
hasard l'épouse de don Rodriguès, à laquelle je
déclarai qu'il me devenait désormais impossible
de rester dans la maison. Elle parut être fort
surprise de cette détermination, et voulut en
apprendre la cause. Je fus obligé de lui donner
connaissance de la scène qui venait d'arriver.
Elle voulut en renvoyer l'auteur, mais je la
priai de n'en rien faire, lui disant qu'il était
plus juste et plus convenable que je partisse.
Enfin elle me pria d'oublier le passé, et les
excuses franches de mon agresseur, qui me serra
la main, me déterminèrent bientôt à abandonner
ma première résolution. Nous nous raccom-
modâmes franchement, et tout le temps que
je restai chez don Rodriguès, qui n'apprit même
pas ce qui s'était passé, il ne fut plus question
de rien de fâcheux entre nous.

Les jours se passaient assez tranquillement
lorsqu'à quelque temps de là il m'arriva une
autre aventure, mais cette fois, je ne m'en tirai
pas aussi heureusement que dans les précé-

dentes. Un dimanche, étant allé voir un de mes camarades à l'auberge de la Posada, je m'en revenais fort tranquillement, lorsqu'en passant sur la place, où une grande quantité de paysans étaient rassemblés, ainsi que c'est la coutume le dimanche, un soldat espagnol du régiment de Burgos vint à moi, et me demanda arrogamment pourquoi je portais l'aigle à mon schako ; qu'un prisonnier ne devait pas porter cette marque de valeur ; qu'il prétendait que je l'ôtasse. Après une contestation assez longue et assez vive, il tira son sabre, et, me présentant la pointe au corps, il me dit : « Ote cette plaque ou je te tue. » Comme sa menace ne m'intimida guère, je lui répondis en espagnol qu'au péril même de ma vie je n'acquiescerais pas à sa demande, ce que voyant, il réclama l'assistance des paysans ; mais ceux-ci refusèrent de se mêler en rien dans cette querelle, et lui firent même observer, car ils me connaissaient bien, qu'il s'exposait en agissant ainsi avec moi. N'ayant voulu écouter aucune raison, une lutte s'engagea entre nous deux, et mon schako étant tombé pendant ce temps, il s'en empara, et arracha la plaque, objet de sa furie, sans que j'eusse le temps de l'en empêcher. Il me fallut dévorer cet affront, dont j'aurais bien voulu tirer une vengeance éclatante ; mais il est bon d'observer que bien que, suivant la capitulation, tous les grades, depuis le plus élevé jusqu'au dernier, nous avions le droit de conserver nos armes, et que, comme caporal, je pouvais porter mon sabre, je ne le prenais habituellement pas, et cela par prudence. En cette occasion, je regrettai de ne pas l'avoir, car j'aurais prouvé à celui qui m'a fait subir cette cruelle humiliation qu'on n'insulte pas impunément un Français, même prisonnier de guerre.

Rentré à la maison, je trouvai l'épouse de don Rodriguès avec la signora Carmez. Ces dames, me voyant le visage décomposé par la colère et mon schako brisé, me demandèrent affectueusement la cause du trouble où j'étais ; je ne pus leur en cacher le motif. Aussitôt, ayant envoyé chercher don Rodriguès qui n'était pas en ce moment chez lui, elles me firent répéter devant lui les circonstances de ce qui venait de m'arriver. Celui-ci me dit : « Reconnaîtrais-tu bien l'individu qui t'a insulté ? » Je lui répondis que oui. Sur-le-champ il m'emmena avec lui chez le corrégidor, afin de porter plainte et de connaître tous les logements des soldats du régiment de Burgos. En sortant de chez lui, j'aperçus mon homme au détour d'une rue, et l'ayant désigné à don Rodriguès, nous avançâmes sur lui et le trouvâmes encore nanti de la preuve de son délit, car il tenait encore dans ses mains ma plaque qu'il avait cassée en plusieurs morceaux. Don Rodriguès l'ayant questionné sur le droit qu'il s'était arrogé de me retirer ma plaque, il répondit qu'il avait jugé que les Français qui étaient à la Poibla étant prisonniers, ils n'avaient pas celui d'en porter, et qu'il s'était cru autorisé à en agir ainsi avec moi. Ces raisons ne parurent pas plausibles à don Rodriguès, car après lui avoir observé que, par sa conduite, il s'était exposé à faire une émeute et à me rendre la victime des paysans s'ils ne m'avaient pas connu, il lui retira la plaque, me la remit, et lui mesura les épaules avec sa canne, après quoi il le mena en prison, le menaçant de l'envoyer à Séville pour lui apprendre à faire des lois lui-même. Cette aventure prouve la justice de don Rodriguès, et combien il faisait un bon usage de l'autorité qu'on lui avait confiée.

Un malheur n'arrive jamais sans l'autre ; il en était de même pour moi des événements.

Quelques jours après, étant obligé d'aller

pour le service de la maison à un moulin que possédait don Rodriguès, j'avais pris un âne pour rapporter ce que j'allais chercher : étant arrivé au bout d'un mur qui se trouvait sur ma route, je fus tout à coup assailli d'une nuée de pierres, ce qui me força de m'arrêter tout court, car il n'y avait pas moyen de passer outre. Je ne sais, en cette occasion, à qui j'eus affaire, ni à combien s'élevait le nombre de mes ennemis, n'ayant pu les voir ; tout ce que je puis dire par supposition, c'est qu'il fallait qu'ils fussent beaucoup pour me lancer autant de pierres qu'ils l'ont fait, et qu'ils en eussent auparavant fait une prodigieuse provision, leur attaque ayant duré plus d'une demi-heure. Voyant que le chemin m'était ainsi barré, je pris le parti de rétrograder, ne laissant pas que d'avoir été atteint de quelques pierres qui, heureusement, ne me firent que peu de mal.

Don Rodriguès, auquel je fis part du motif d'un aussi prompt retour, ne put découvrir, ainsi que moi, quels étaient les auteurs de ce guet-à pens, ni quels nouveaux ennemis j'avais à redouter. Il est à croire que si, dans cette rencontre, j'avais continué ma route, j'eusse infailliblement trouvé la mort. Nous fîmes, pendant quelques jours des conjectures, à ce sujet, sans pouvoir rien éclaircir; mais tout cela, joint aux précédentes aventures de ce genre qui m'étaient déjà arrivées, montre à découvert le caractère jaloux, haineux et vindicatif des Espagnols, et prouve que, quand il s'agit de vengeance, tous les moyens sont bons pour eux.

Un jour, peut-être trois semaines après ce que je viens de raconter, don Rodriguès m'annonça que quatre cent mille Français allaient entrer en Espagne. Cette nouvelle me fit, bien certainement, plus de plaisir qu'à lui, car il ne me l'annonça qu'avec une apparence de tristesse que je ne pus attribuer, ainsi qu'il voulut me le faire croire, au chagrin qu'il avait de ce que bientôt je serais forcé de le quitter; cependant, j'aime à penser qu'il en était ainsi, car l'amitié qu'il me portait me le faisait aimer et chérir, et il était plutôt pour moi un père qu'un maître.

Ce bruit commençait à prendre de la consistance, lorsque je surpris quelques paroles échappées à des Espagnols, dans une conversation où ils ne croyaient pas être entendus, qui me laissèrent présumer qu'il existait le complot d'assassiner tous les Français prisonniers, le même jour et à la même heure. Cet infâme projet, ourdi dans l'ombre, était le résultat de la plus noire perfidie, et prouvait combien, à cette époque, la présence du roi devenait nécessaire pour maîtriser les esprits remuants, auxquels son absence donnait tout pouvoir, et accordait l'impunité au crime.

Quoi qu'il en soit, cette œuvre d'iniquité ne reçut point d'exécution, et les Français, approchant de plus en plus, l'espoir que nous conservions d'une prochaine délivrance s'accroissait à mesure qu'ils avançaient ; sur ces entrefaites, don Rodriguès, me prenant à part, me tint ce discours : « Joseph, le jour de la liberté va luire pour toi, ainsi que pour tes compagnons. Quel que soit le sort qui t'attend dans ton pays, je t'offre de rester avec moi. Tu connais l'amitié que j'ai pour toi ; je veux faire ton bonheur, et, pour y travailler, je veux t'établir à Séville, le pays de mon épouse, et désormais te regarder comme mon fils. » A cette proposition, à laquelle j'étais loin de m'attendre, bien que déjà j'eusse reçu quantité de marques de la bonté de don Rodriguès, je ne pus retenir mes larmes, et ce ne fut qu'avec peine que je pus lui exprimer tous le regret que j'avais de ne pouvoir accepter une offre aussi avantageuse sous tout les rapports ; cependant, me remettant peu à peu du trouble où il m'avait plongé, je

lui répondis : « Croyez, signor don Rodriguès,
qu'il m'en coûte de refuser, dans cette circonstance, ce que votre générosité vous porte à faire
pour moi : un Français n'abandonnant pas plus
son drapeau dans l'adversité que dans la pros-
périté, il n'est pas en mon pouvoir d'accepter,
malgré les grands avantages qu'il m'en revien-
drait ; d'abord, je ne suis pas libre, ensuite j'ai
une famille, et j'ai trop d'attachement à mes
devoirs pour consentir, dans un moment comme
celui-ci, à devenir, en quelque sorte, l'ennemi
de mon pays. Il y aurait de la lâcheté à commettre une semblable action, et don Rodriguès
ne voudrait pas que celui qu'il a honoré de son
estime se rendît coupable d'une telle bassesse. »

Malgré ce refus bien formel qui, à ce que je
vis bien, le peinait intérieurement, il persista
néanmoins, et employa tous les moyens de sé-
duction qu'il crut pouvoir mettre utilement en
usage ; voyant que j'étais inébranlable, il me quitta
en me disant : « Eh bien, puisqu'il en est ainsi,
n'en parlons plus, vous êtes un ingrat. »
J'avoue que, dans cette circonstance, il m'en
coûtait d'affliger un homme aussi bon et aussi
humain que l'était don Rodriguès ; mais, comme
je viens de le dire, rien au monde ne m'aurait
fait enfreindre les lois de l'honneur.

Le lendemain de cette conversation, mon colonel me fit demander à la Posada, pour que j'eusse à charger ses équipages, attendu que nous devions partir, sous vingt-quatre heures, pour une autre destination. Ayant satisfait à cet ordre, je retournai à la maison de don Rodriguès, tant pour lui faire mes adieux qu'à sa famille; il me fit dans cette entrevue de nouvelles instances, auxquelles j'opposai de nouveaux refus, que je tâchai de rendre aussi honnêtes que possible, car, dans ma position envers lui, je devais chercher à cacher ce qui pouvait déceler le plaisir que me faisait éprouver la croyance où j'étais d'être bientôt libre. Enfin il parut convaincu que ses sollicitations seraient sans succès, et le reste de la journée et une partie de la nuit ayant été employés à bien passer le peu de temps qu'il me restait à être encore avec cette respectable famille, je la quittai le matin, non sans avoir éprouvé une vive émotion en leur faisant à tous mes derniers adieux.

Je puis le dire sans vanité, jamais je n'aurais cru mériter autant de marques d'attachement qu'il m'en fut donné en cette occasion, et l'on aurait pu croire, en voyant chacun me les prodiguer, que j'étais un des leurs qu'un sort

funeste forçait à s'éloigner pour ne plus revenir. De mon côté, je n'étais pas moins attendri
qu'eux, et ma séparation, lorsque je quittai
mes parents pour me rendre à Lille, comme
conscrit, ne fut pas plus touchante.

Comme il est un terme aux émotions, comme
à toute autre chose, le moment du départ approchant, je me rendis auprès du colonel ; je fus
fort étonné de l'air sévère avec lequel il me
reçut. Ne sachant à quoi en attribuer la cause,
je me hasardai à lui demander en quoi je pouvais lui avoir déplu, et, après m'avoir fixé avec
des regards où se peignait le mépris, il me dit :
« Je ne vous aurais jamais cru capable de ce
que je viens d'apprendre de vous : don Rodriguès, qui sort d'ici, vient de m'annoncer
que vous consentiriez à rester chez lui si je
vous en accordais la permission. Comme vous
paraissez oublier que vous êtes Français, je
n'en ai point à vous accorder ; vous êtes parfaitement le maître de faire ce que vous vou-
drez, vous êtes libre : ce dont je suis fâché
seulement, c'est que ce soit un homme que
je croyais digne de mon affection, qui se soit
rendu coupable d'une semblable action. »

Au premier abord, j'eus peine à croire que
ces paroles s'adressassent à moi ; mais me

rappelant la scène de la veille avec don Rodriguès, je vis de suite que celui-ci avait voulu
tenter un dernier effort auprès du colonel.
Pour me justifier, je lui racontai la conversation que j'avais eue avec mon ancien patron à
ce sujet, ce qui parut le convaincre de mon
innocence; mais comme une partie de l'état-
major était présent à cette accusation, je désirais que ma justification acquît un degré d'au-
thenticité que don Rodriguès seul pouvait lui
donner; je priai donc M. Molart, mon colonel,
de vouloir bien l'envoyer chercher, ce qu'il ne
voulait pas, disait-il, parce qu'il était certain,
d'après mes explications, de n'avoir rien à me
reprocher : ayant insisté, don Rodriguès arriva,
et il n'eut pas plutôt appris qu'un pareil soupçon avait plané sur moi, qu'il s'empressa, par
le récit exact de ma conduite, de détruire toute
impression fâcheuse à ma réputation.

Après cette démarche de don Rodriguès, qui
me rendait honteux par les éloges sans nombre
qu'il ne cessait de faire de moi, voulant y mettre
un terme, étant au moment du départ, je
m'approchai de lui, et, l'ayant remercié, j'allais
le saluer, comme cela se pratique en Espagne,
c'est-à-dire qu'on n'y a pas l'habitude de s'embrasser, lorsque m'ouvrant ses bras, il me dit :

« N'es-tu pas un de mes enfants? viens donc sur mon cœur. » Je m'y précipitai aussitôt, et, l'embrassant cordialement, je lui exprimai encore une fois ma reconnaissance, et lui renouvelai l'assurance que je conserverais un éternel souvenir de ses bontés. Après quoi nous nous quittâmes, hélas! pour ne plus nous revoir.

Je pourrais dire qu'en ce moment il ne fallait rien moins que l'idée d'une prompte rentrée en France, pour tempérer le chagrin que j'éprouvais de quitter don Rodriguès, idée que chacun partageait, mais qui par la suite ne fut pas de longue durée, car, loin de nous rendre à la liberté, les Espagnols nous réservaient le plus dur esclavage.

L'on nous dirigea sur Auxonna, et l'on nous y fit séjourner pendant sept ou huit jours, pour y attendre l'arrivée des officiers et prisonniers de la deuxième division qui devaient se réunir à nous. Aussitôt qu'ils nous eurent rejoints, l'on nous fit remettre en route pour nous embarquer; mais il était dit que nous essuierions encore les effets de la haine des Espagnols : une grande quantité de paysans des villages environnants s'étant réunis, tous, jusqu'aux femmes et aux enfants, nous assaillirent, dès qu'ils nous virent en marche, par une grêle de pierres à laquelle ils joignirent les plus horribles imprécations contre les Français, le tout accompagné des cris de : *Vive Ferdinando VII! Vive l'Espagne! Abbaco Napoleone!* Notre escorte, qui était composée de la garde bourgeoise et d'une cinquantaine de soldats, ce qui n'était pas suffisant pour arrêter les désordres de cette populace effrénée qui ne respirait que la vengeance, si je puis m'exprimer ainsi ; car quel était notre crime envers eux ? Instruments du pouvoir, n'étions-nous pas déjà assez malheureux d'être prisonniers, sans avoir encore à subir les insultes de gens qui agissaient sans discernement, de gens enfin qui, n'écoutant que l'impulsion que leur donnait un faux patriotisme, sacrifiaient tout à un vain fantôme.

Dans chaque endroit par où nous passions, nous avions à éprouver le même traitement, et à chaque instant nous avions à craindre d'être massacrés, la foule de nos ennemis grossissant au lieu de diminuer. Pour comble de malheur, nous arrivâmes devant une ville auprès de laquelle nous devions seulement passer ; soit mauvaise intention de notre escorte, soit tout autre motif, on nous la fit traverser : nous n'y fûmes pas plutôt entrés, que les scènes qu'on

nous avait faites pendant la route se renouve-
lèrent avec plus de furie ; l'acharnement contre
nous était à son comble ; mais cette fois comme
nous avions tous nos sabres, nous étions déci-
dés à repousser la force par la force, et à ne
plus supporter d'aussi humiliantes vexations.
Dans cette circonstance, notre colonel nous
donna l'exemple ; il était si furieux, qu'il jura
de passer son sabre au travers du corps du premier qui avancerait, ce qui leur en imposa :
entraînés par l'exemple, nous marchâmes en
colonne serrée, afin de ne nous pas laisser séparer par cette armée de forcenés, qui n'auraient
pas manqué de profiter des avantages que nous
leur aurions livrés. Cependant un de nos officiers
ayant eu l'imprudence de s'écarter, se vit tout
à coup entouré par plus de trois cents individus,
et obligé, pour sauver sa vie de crier *viva
l'Espana! viva le Rey!* d'autres, et ce nombre
fut encore assez grand, étant restés en arrière
de la colonne, furent inhumainement assassinés.

Il serait trop long de rapporter à combien
d'excès se portèrent ces misérables envers nous,
et jusqu'à quel point ils poussèrent l'audace.
L'épouse de notre colonel, qui était enfermée
dans sa voiture avec son fils, quoiqu'elle fût

escortée, ne fut pas exempte de leurs insultes ; ils allèrent même jusqu'à la contraindre de descendre pour vérifier les coffres, qui heureusement ne contenaient rien qui pût donner matière à réclamations de leur part, car ils ne cherchaient qu'à nous trouver en défaut, pour avoir occasion d'exercer leur malveillance.

Nous en fûmes cependant quittes à meilleur marché que nous ne l'avions d'abord espéré, car, après nous avoir poursuivis jusqu'à une portée de fusil au-delà de la ville, ils nous abandonnèrent en partie, ce qui nous permit de continuer notre route un peu plus tranquillement ; mais malgré cela, nous n'osâmes pas nous arrêter pour boire à une fontaine qui se trouva sur notre route, bien que nous mourrions de soif, car cela n'eût pas manqué de mettre le désordre parmi nous, et d'augmenter le nombre des victimes.

Après avoir rapporté ces traits de cruauté, il est juste que, pour en adoucir l'horreur, je rende hommage à la vérité, et que je cite un fait qui honore celui qui en est l'auteur : un des officiers qui commandaient l'escorte, voyant les souffrances que nous faisait endurer la soif, permit à quelques Espagnols de nous apporter de l'eau dans les endroits où nous faisions halte; mais comme ceux-ci, profitant de notre situation, nous la vendaient ce qu'ils voulaient, il les taxa, et un d'eux s'étant permis d'exiger plus qu'il ne lui était accordé, il le chassa du camp à coups de plat de sabre, et lui intima l'ordre de n'y plus reparaître. Cet exemple produisit un bon effet, et empêcha les autres de nous rançonner comme ils le faisaient auparavant.

Il était dit que nous éprouverions dans notre route tous les désagréments, et qu'aussitôt une mauvaise affaire passée, une autre surviendrait. Le lendemain du jour où nous avions été si bien poursuivis, comme nous venions de nous remettre en marche, nous vîmes venir à notre rencontre un cavalier armé d'un sabre et d'un fusil; tout en lui annonçait un homme dont l'esprit était dérangé, car aussitôt qu'il nous eut joint, il brandit son sabre, et semblait vouloir à lui seul nous tuer tous, et telle était son idée, car, ayant été arrêté, il répondit à ceux qui l'interrogeaient sur ce qui pouvait le porter à agir ainsi, qu'il venait pour tuer tous les Français, et que nous n'ayons pas à avancer davantage, attendu qu'on nous attendait à la ville prochaine pour nous égorger.

Malgré qu'on ne dût faire aucun cas d'une

nouvelle aussi peu vraisemblable, eu égard au personnage de qui elle venait, cela ne laissa pas que de jeter l'alarme parmi nous, qui savions ce qu'on pouvait attendre du caractère espagnol ; et, en attendant qu'on eût pris des renseignements sur ce qu'on pouvait avoir à redouter dans cette circonstance, on arrêta le nouveau Don Quichotte, et, sur-le-champ, celui qui commandait en chef l'escorte envoya à la ville, qui se trouvait à une lieue de là, vérifier la nouvelle, qui n'était rien moins que véritable : la seule chose qu'il y eût de vrai, c'est que dans cette ville, comme partout, nous étions exécrés, et il est à présumer que, sans la crainte où ils étaient que les 400.000 Français dont on annonçait l'approche n'usassent de représailles, il aurait pu fort bien se faire que, nous eussions trouvé notre tombeau en Andalousie.

Après avoir couché dans cette ville, sans qu'il nous arrivât rien de fâcheux, nous nous dirigeâmes sur Xérès, où nous fûmes reçus par les principaux habitants, au nombre desquels était le supérieur d'un couvent, qui, ayant adressé la parole à mon colonel, il s'ensuivit une conversation, dans laquelle celui-ci apprit que le révérend Père se trouvait tout justement être

du même pays que son épouse : cette rencontre
lui fut d'un très grand avantage, ainsi qu'à moi,
qui avais l'honneur de ne le pas quitter, car,
par son entremise, le colonel et sa famille
obtinrent le meilleur logement de la ville, et
par la suite, comme on le verra, il lui procura
sa liberté.

Nous devions passer quelque temps à Xérès,
et nous y aurions fait notre séjour assez agréablement, sans de nouvelles tracasseries qu'on
nous fit éprouver ; mais cette fois ce n'était pas
à nous personnellement qu'on en voulait : il
s'agissait seulement de nous faire restituer ce
que nous pouvions avoir en possession, tant en
or et argent d'Espagne, qu'en autres objets.
Cet ordre, qui arriva au moment où on y pensait le moins, et qui fut aussitôt exécuté, fit que
beaucoup se virent dépouillés de ce qu'ils
regardaient comme leur légitime propriété ;
tous, officiers et soldats, sans avoir eu le temps
de faire nos préparatifs, nous fûmes obligés de
subir la visite des fouilleurs, qui, dans cette
circonstance, étendirent leurs recherches dans
les endroits les plus cachés, et il n'y eut d'heureux dans tout cela que ceux qui eurent la
présence d'esprit d'avaler l'or qu'ils avaient ;
les autres ne purent rien sauver, même ceux

qui avaient caché leur avoir dans les doublures de leurs habits, dans leurs boutons, et entre les semelles de leurs souliers; tout fut découvert, et ce qui venait de la flûte retourna au tambour.

Les dames ne furent pas dispensées de cette opération, et il fallut qu'elles s'y soumissent ; seulement, comme la décence ne permettait pas qu'on la poussât aussi loin qu'on l'avait fait à notre égard, plusieurs parvinrent à soustraire à l'œil vigilant de ceux qui faisaient cette visite d'assez fortes sommes et mêmes des bijoux de prix.

Grâce aux soins que l'on prit de nous débarrasser de ce qui pouvait charger nos poches, nous étions tous à peu près très légers quand il fallut quitter Xérès pour nous rendre à l'île Léon, car on ne nous avait laissé que l'argent de notre pays ; Dieu sait que nous n'en avions guère, et que nous ne connaissions pas l'embarras des richesses. Au reste, peu nous importait ; nous croyions bientôt rentrer en France, et cette pensée était la seule qui nous charmait, ce qui ne contribua pas peu à nous faire supporter le chagrin de la perte qu'on nous avait fait éprouver en nous dévalisant. Arrivés à l'île Léon, on nous logea dans la caserne Saint-

Charles; nous étions, y comprises les troupes qui se trouvaient dans la ville, 25.000 prisonniers, qui se composaient des première, deuxième et troisième divisions, et d'environ 5.000 marins, tant de la garde que des vaisseaux de ligne, qui avaient été faits prisonniers à la suite d'un combat naval qui avait été livré devant Cadix. Ces braves, après avoir fait des prodiges de valeur pendant trois jours, avaient été forcés de se rendre, et comptaient, comme nous, voir bientôt finir leur captivité. Ce rêve de bonheur fut de courte durée, et tout ce que nous avions souffert jusqu'alors n'était rien en comparaison du sort qui nous était réservé; nous devions être enterrés vivants sur les pontons.

Comment peindre ce que nous éprouvâmes, quand, après trois semaines de séjour dans l'île Léon, on nous mit sur les pontons? Ma plume se refuse à retracer notre douleur; notre sort à venir nous était dévoilé, et la misère, sous les traits les plus hideux, se présentait à nos yeux. Hélas! je puis dire, c'est ici que commença l'époque la plus cruelle de ma vie. En effet, qu'on se figure 1.800 à 2.000 infortunés entassés sur chaque ponton, et l'on aura une idée des malheurs qui nous attendaient.

Avant d'entrer dans ce détail, je dois faire connaître de quelle manière on procéda à notre arrangement sur les pontons, afin de mettre le lecteur à portée de juger de notre situation et l'étendue de nos maux pendant le temps que nous y sommes restés ; je commencerai donc par *la Castille* : ce ponton avait été désigné pour recevoir les officiers de tous grades au nombre d'à peu près quatre cents. Mon colonel ayant obtenu, par la protection du supérieur du couvent de moines dont j'ai déjà parlé, la faveur de rester en ville, j'eus la satisfaction de le voir échapper au sort commun ; mais comme il ne lui était permis de garder qui que ce soit avec lui, j'eus, en même temps, la douleur d'être obligé de le quitter ; cependant, à sa recommandation, j'obtins de passer sur *la Castille*, en qualité de domestique, dont je n'avais que le nom, nos officiers, bien qu'on leur eût accordé d'avoir un homme pour sept, n'ayant pas de quoi les occuper tous.

Mon colonel, en me quittant, m'avait donné des preuves de sa générosité en me remettant vingt-cinq francs. Cette somme, qui pouvait me procurer quelques douceurs pendant ma captivité, n'était pas assez forte pour me mener bien loin ; aussi, réfléchissant de quelle manière je l'emploierais pour qu'elle fructifiât entre mes mains, il me vint à l'idée de me mettre blanchisseur : cette profession, toute nouvelle pour moi, devait, à ce que je pensais, améliorer de beaucoup ma position, attendu que je n'avais pas à craindre la concurrence, puisqu'il n'y avait pas de femme sur le ponton, et que, d'un autre côté, aucun de ceux qui s'y trouvaient avec moi ne possédait les moyens d'exercer cet état ; enfin, après avoir bien pesé toutes les chances de mon entreprise, je me hasardai de demander l'autorisation qui m'était nécessaire ; elle ne se fit pas attendre, car chacun ressentait, plus ou moins, les effets de la malpropreté, et c'était à qui me donnerait du linge. Comme je ne pouvais faire tout à moi seul, je fus forcé de prendre deux aides avec moi, que je payais vingt sous par jour. Dans les premiers temps, je fus un peu embarrassé ; mais je me mis assez promptement au fait, et bientôt mon établissement fut en pleine vigueur. Outre le prix du blanchissage, chacun me donnait une portion de sa ration d'eau douce, et avec cela je me trouvais en état d'exploiter mon entreprise et de faire assez bien mes affaires, ayant le soin, autant que possible, de contenter tout le monde.

Mon industrie avait stimulé l'activité des autres, et c'était à qui s'imaginerait quelque expédient pour gagner de l'argent; et si cela eût duré, nous eussions eu sur les pontons à peu près toutes les commodités de la vie; on y avait établi un restaurant et même un café.

Mais la fatalité et le malheur qui ne se lassaient pas de nous poursuivre renversèrent tous nos projets : il y avait à peu près six semaines que les choses en étaient là, et que, par tout ce qui était en notre pouvoir, nous cherchions à rendre notre captivité moins pénible, quand tout à coup une maladie épidémique se manifesta sur les pontons : sur le nôtre, je fus un des premiers atteint et obligé d'abandonner à d'autres mon fonds de blanchisseur, qui prospérait de jour en jour, car il n'y avait pas moyen de rester sur les pontons aussitôt que les symptômes de cette maladie se manifestaient, et ceux sur lesquels ils se caractérisaient avaient à peine le temps de se reconnaître. Pour ma part, au moment où ils se déclarèrent en moi, je crus être frappé de la foudre, et tombai sans connaissance à la renverse; je ne sais combien de temps dura mon évanouissement, mais il faut qu'il ait été bien long, puisque, lorsque j'en sortis, je me trouvai dans un hôpital situé au bord de la mer, à une demi-lieue de Cadix.

Il est à présumer que je n'aurais infailliblement pas résisté à la force du mal sans les prompts secours et les soins qui me furent prodigués, car chaque jour il en mourait dix, vingt et quelquefois trente. Tous les matins, il y avait des bateliers espagnols qui venaient chercher sur les pontons les cadavres de ceux qui avaient succombé ; on les attachait par chapelets aux bateaux avec des cordes, et on les traînait ainsi jusqu'au rivage opposé, où des hommes étaient sans cesse occupés à les enterrer.

Après avoir passé vingt jours à l'hôpital, j'en sortis en pleine convalescence ; mais il me fut impossible, malgré mes réclamations, de rentrer sur le ponton des officiers ; il fallut me résigner à passer sur *le Terrible*. Hélas ! ce nom désignait assez le sort qui m'y attendait et que j'étais appelé à partager avec mes infortunés compagnons. La misère la plus affreuse y régnait dans toute son étendue, et je ne puis, sans frémir, retracer les tourments qu'on y endurait.

Qu'on se représente, en effet, dix-huit cents malheureux entassés pêle-mêle sur quelques

brins de paille, croupissant dans la malpro-
pr eté, rongés par la vermine, et atteints presque
tous de la gale et d'autres maladies non moins
cruelles : eh bien, l'on aura encore qu'une faible
idée de ce triste séjour. Nous avions, en outre, à
supporter des privations de tout genre : nos
bourreaux prenaient plaisir de nous laisser
mourir de faim et de soif ; les trois quarts du
temps, quand nous étions approvisionnés de
légumes, l'on ne nous donnait pas de bois pour
les faire cuire ; d'autres fois, quand nous avions
l'un et l'autre, ils nous laissaient manquer d'eau ;
enfin, bien souvent nous sommes restés trois et
quatre jours à attendre de l'eau, et lorsqu'on
nous la distribuait, nos provisions étaient corrompues, et nous nous trouvions réduits à ne
manger que des aliments gâtés qui engen-
draient des maladies mortelles, qui ravageaient
tous les jours à peu près une quarantaine d'individus sur chaque ponton, de manière que si
cela eût duré encore longtemps, pas un de nous
n'aurait échappé.

Il m'en coûte bien certainement de rappeler
toutes les atrocités dont nous fûmes victimes ;
mon cœur saigne encore au souvenir de tant
d'inhumanité, et ma plume se refuse à retracer
tout ce dont mes yeux furent témoins ; peut-

être aurait-on peine à y ajouter foi, et cependant ce ne serait que la trop exacte vérité. Dans cette occurrence, maintenant que l'Espagne est l'alliée de la France, il est de mon devoir de jeter un voile sur le reste; ceux qui se sont rendus coupables de tant de cruautés envers nous, n'étaient bien sûrement pas des sujets attachés au roi, car autrement ils auraient cherché, malgré son absence, à lui mériter notre reconnaissance par de meilleurs traitements.

Avant de terminer le récit des souffrances que nous eûmes à essuyer sur les pontons, je ne puis passer sous silence une circonstance qui ne contribua pas peu à les augmenter : je veux parler des vols que beaucoup d'entre nous commettaient, et il est vrai de dire que la misère les rendait en quelque sorte excusables. Cependant leurs larcins étaient plus que répréhensibles, puisqu'ils avaient pour but de priver leurs camarades de leur subsistance, et, par conséquent, de les mettre dans la triste nécessité de se passer de ce qui bien souvent pouvait leur sauver la vie ; malgré tout, cette conduite n'était pas tolérée, et il s'en fallait même de beaucoup; car ceux qu'on prenait sur le fait, ou contre lesquels on pouvait avoir d'assez fortes présomptions pour les convaincre de leurs fautes, étaient sévèrement punis : une correction de cinquante coups de savate, et de cent coups en cas de récidive, était le châtiment qui leur était réservé, et il y en eut quelquefois qui, après avoir souffert cette peine encore plus infamante que cruelle, périrent deux ou trois jours après. Quand la faute se renouvelait et qu'on avait déjà subi deux fois ce genre de supplice, on hissait le coupable en haut d'un mât, après l'avoir attaché dessous les bras, et il restait ainsi suspendu à l'ardeur d'un soleil brûlant pendant une heure. Dans ce cas, il n'était pas rare d'en voir qui ne pouvaient supporter cette punition qui, toute sévère qu'elle était, devenait nécessaire pour effrayer ceux qui auraient eu la pensée de les imiter.

Nous étions dans cette déplorable situation, lorsque l'ordre de notre départ étant arrivé, on approvisionna à la hâte vingt-sept bâtiments qu'on numérota depuis les numéros 1 jusqu'à 27, et l'on embarqua sur ces vaisseaux tous les hommes que l'on put y mettre ; nous étions tous fort gais, car nous étions dans la persuation que quand nous serions arrivés à l'île Mayorque, nous nous serions rembarqués pour rentrer en France. Hélas ! à cette époque, nous étions loin de prévoir les nouveaux malheurs qui allaient fondre sur nous.

Il n'y avait pas huit jours que nous étions en mer, lorsque nous fûmes surpris, après avoir passé le détroit de Gibraltar, par une tempête tellement violente, que tous nos bâtiments furent séparés et obligés de se retirer, les uns à Malaga, les autres à Alicante et à Gibraltar. Le numéro 2, sur lequel j'étais, fut le plus maltraité ; il faisait eau de tous côtés, et les pompes ne suffisaient pas pour retirer celle qui s'introduisait à chaque instant dans le bâtiment ; nous étions dans un état si pitoyable, que les marins eux-mêmes poussaient des cris lamentables qui nous effrayaient encore davantage. Enfin, après avoir été le jouet des flots presque toute la journée, notre vaisseau heurta contre un écueil avec un craquement épouvantable qui nous fit croire que c'était notre dernière heure ; heureusement qu'en ce moment tout l'équipage, rivalisant d'efforts, exécuta une manœuvre qui nous sauva, car c'était fini de nous si nous n'étions parvenus à entrer dans la rade de Gibraltar.

Toute la nuit fut employée à vider l'eau qui était dans le vaisseau et qui l'aurait infailliblement fait couler à fond, et il lui fallait, d'ailleurs, faire de grandes réparations pour qu'on pût le remettre en mer : les voiles, les mâts, tout était endommagé, ce qui nous obligea de rester dix jours à Gibraltar.

Les travaux étant terminés, nous rejoignîmes en mer, les autres bâtiments qui n'avaient pas moins souffert que nous, et nous continuâmes notre route pour notre destination, escortés par deux frégates, l'une anglaise et l'autre espagnole. Pendant le trajet, le bâtiment numéro 9, monté principalement par des marins de la Garde impériale, se révolta contre les marins espagnols, dont ils parvinrent à se rendre maîtres, et les enfermèrent à fond de cale. Ils avaient choisi la nuit pour faire ce coup hardi, et avaient tellement bien pris leurs mesures, qu'à la pointe du jour ils étaient déjà loin de nous ; mais, malheureusement pour eux, les frégates s'étant aperçues qu'il manquait un bâtiment, le temps étant fort beau, on ne tarda pas à le découvrir, à l'aide de leurs longues-vues, mais à une distance très éloignée. Comme il n'était pas bon voilier, une des frégates se mit à sa poursuite, l'atteignit, et, au bout de deux jours, le ramena à sa suite, attaché avec de gros câbles, pour l'humilier, le laissant ainsi tout le reste du voyage, qui dura encore cinq jours.

Nous trouvâmes, à notre arrivée à Mayorque, cinq bâtiments de transport, montés de 500 hommes chacun ; comme nous étions de beaucoup supérieurs en nombre, on tira au sort pour savoir ceux qui seraient échangés, et le bâtiment sur lequel j'étais se trouva du nombre des élus ; mais comme la convention portait que la France commencerait par rendre les prisonniers qu'elle avait, il est à croire qu'elle n'a pu remplir cette condition, car, malgré que nous fussions prêts à partir, nous ne reçûmes pas la permission de le faire, et nous ne sentîmes naître l'espoir d'être libres que pour nous voir encore plus malheureux que ceux que le sort n'avait pas désignés.

Cependant nous n'avions pas encore perdu toute espérance, quand un matin, jour à jamais mémorable, une frégate apporta la triste nouvelle qu'il n'y avait plus d'échange. Qu'on juge du désespoir qu'elle nous fit éprouver ; il faut avoir été dans une position analogue à la nôtre, et avoir vu la porte de sa prison ouverte, et être tout à coup chargé de fers qui empêchent d'en profiter.

Comme notre nombre était trop considérable pour que nous pussions rester à Mayorque, on décida que nous serions envoyés à l'île de Cabréra.

Nul doute que ceux qui la choisirent pour le lieu de notre captivité, n'aient eu l'intention de la voir devenir notre tombeau ; car comment penser que des hommes puissent longtemps résister aux maux qui nous y attendaient.

Nous arrivâmes devant Cabréra le 5 mai 1809, après une navigation de trente-six jours par un temps totalement mauvais, et ce fut au milieu de la nuit qu'on nous débarqua. Qu'on se figure 7.000 infortunés presque nus, abandonnés dans une île jadis déserte ; qu'on se représente aussi un lieu couvert en partie de bois et de rochers, et où la nature semble à regret avoir permis en d'autres endroits à la terre de produire quelques brins d'herbes que le soleil ne tardait pas à brûler par son ardeur, voilà le lieu que les Espagnols avaient choisi pour y reléguer leurs prisonniers, tandis qu'en France ceux qu'on leur avait faits n'avaient à regretter que leur liberté.

Nos arrangements pour la nuit furent bientôt faits ; nous n'avions que la terre pour nous reposer, et chacun prit son parti, espérant que le lendemain il trouverait au moins un lieu où il pourrait se mettre à l'abri de l'humidité des nuits, et se garantir pendant le jour des rayons brûlants du soleil. Hélas ! cet espoir devait encore être trompé, et notre réveil nous apprendre toute l'étendue de notre malheur.

Avant d'entrer dans un plus grand détail du lieu où nous étions, je dois rapporter ici une singularité qui frappa nos yeux aussitôt que l'aurore parut : l'endroit que nous occupions était couvert de lézards de notre pays, et en si grande quantité, que nous n'aurions pu faire un pas sans en écraser beaucoup ; du reste, ils ne paraissaient pas avoir peur de nous, car ils couraient sur nos corps et sur nos visages, et semblaient même se réjouir de notre **arrivée.**

Pour être plus exact dans la description de l'île, je crois ne pouvoir mieux faire que d'emprunter quelques détails à la dissertation topographique qu'en a donnée le docteur Thillaye, chirurgien attaché à l'état-major du général Moncey, fait prisonnier avec nous à l'époque de la capitulation de Baylen, et qui pendant quatorze mois a partagé notre captivité.

Cabréra, la plus petite des îles Baléares, est assez élevée ; elle peut avoir une lieue environ du sud à l'ouest, autant du nord à l'est, et à peu près trois quarts de lieue de l'est à l'ouest. Elle est située au sud de Mayorque, dont elle est éloignée d'environ sept lieues. Sa latitude est de 39° 7′ 30″, et sa longitude de 0° 40′ 5″ à l'est de Paris.

Cette île, qui doit son nom à la quantité de chèvres que les Mayorquains y nourrissaient, est inhabitée et inculte. Une espèce de château, tombant en ruine, qu'on appelle fort, et où l'on peut loger une trentaine de soldats, est la seule habitation qu'on y remarque; plusieurs grottes, creusées naturellement dans les rochers, offrent des retraites aux équipages de vaisseaux que les bourrasques forcent de relâcher dans l'île. Quant au sol, il est en partie formé de rochers escarpés, entre lesquels existent des portions de terrain qui seraient susceptibles d'être cultivées, mais abandonnées sans doute par la même raison qui rend si imparfaite la culture des autres îles. Au nord de Cabréra, est un goulet situé en face de Mayorque; il sert d'entrée à un bassin profond et très étendu, dans lequel les bâtiments, même de moyenne force, trouvent un refuge assuré pendant les orages. La terre végétale est peu abondante, légère, et le sable s'y trouve en assez grande quantité.

La température est, en général, fort modérée, et pendant le mois de janvier, qui paraît être le plus froid de l'année, j'ai vu plusieurs de mes compagnons d'infortune se baigner dans la mer, et moi-même je les ai imités sans en être incommodé.

Étant en partie abrité par les rochers escarpés qui l'environnent de toutes parts, Cabréra est moins exposée que les autres îles. Les orages y sont peu fréquents et il y pleut très rare ment; mais quand cela arrive, la quantité d'eau qui tombe est extrêmement abondante, et les torrents qui se précipitent sur le flanc des rochers entraînent tous les obstacles qu'ils rencontrent.

Comme les bâtiments qui nous avaient amenés étaient approvisionnés, on nous distribua des vivres pour trois jours ; ils consistaient en biscuit, riz, vermicelle, lard et pain. Ces rations, quoique très faibles, auraient pu suffire à tous si l'on en avait fait régulièrement les distributions; mais il y en avait toujours qui, par leur peu de ménagement, se trouvaient réduits, quand on nous faisait éprouver du retard, à mendier auprès de leurs camarades, plus ménagers qu'eux de quoi les empêcher de mourir de faim. Comme nous étions tous à peu près aussi malheureux les uns que les autres, ce n'était bien souvent qu'à titre de prêt qu'on faisait ces sortes de générosités, de manière que ceux qui étaient forcés, par le besoin, à y avoir recours une fois, se trouvaient par la suite dans la triste nécessité de ne plus vivre que d'emprunt, ayant à rendre ce qu'ils recevaient.

J'ai dit plus haut que nous espérions trouver un lieu plus commode pour nous abriter que celui où l'on nous avait débarqués ; en effet, tout le monde se mit en route pour aller à la découverte et nous trouvâmes sur une colline, en face du port, un carré de blé assez grand pour y établir quelques barraques pour nous coucher, en attendant que nous ayons avisé aux moyens de nous en construire d'autres, ce qui n'était pas très facile, n'ayant aucun outil, ni même ce qui était le plus nécessaire pour les commencer ; néanmoins, comme la nécessité rend industrieux l'homme le moins intelligent, plus tard notre colonie fut couverte de maisons, si l'on peut appeler ainsi de misérables cabanes couvertes de branches d'arbres entrelacées les unes dans les autres.

On sera sans doute étonné que nous ayons trouvé du blé dans l'île ; nous-mêmes en fûmes surpris, et nous dûmes penser qu'il avait été semé par ceux qui, avant nous, habitaient Cabréra : ces individus étaient des pâtres qui gardaient des troupeaux de chèvres ; probablement qu'on les obligea de s'embarquer brusquement, car nous trouvâmes

quelques-unes de ces chèvres qui nous auraient
été par la suite un grand secours, si nous avions
pu attendre qu'elles se propageassent. Un âne,
qui était aussi resté dans l'île, devint notre propriété ; et après nous avoir rendu de grands
services de son vivant, il servit à prolonger notre
existence par sa mort.

Nous nous étions établis le plus près du fort qu'il
nous fût possible : les uns sur la colline en face,
les autres sur les deux collines de droite et de
gauche ; et pour nous garantir du soleil pendant
le jour, nous nous étions formé des espèces de
huttes avec des feuillages que nous avions été
couper dans les bois, mais cela ne nous préser-
vait pas toujours des pluies qui souvent étaient
très fortes. Comme on nous avait fait croire,
lorsqu'on nous amena à Cabréra, que ce n'était
point pour faire quarantaine, nous nous conten-
tions de ce faible abri, dans l'espoir où nous
étions de sortir bientôt de ce maudit lieu.

Il y avait dans l'île une fontaine d'eau douce
qui coulait dans le fond d'un rocher voûté ; on
y arrivait par une espèce de baie d'environ six
pieds de haut sur trois de large, au bout de laquelle était un escalier taillé dans le roc qui
conduisait à un réservoir recevant les eaux qui
filtraient à travers le rocher ; mais cette fontaine

était remplie de pierres et de saletés qui en rendaient les eaux dégoutantes, quoique par leur nature elles fussent fort bonnes.

Comme elle était située au pied d'une montagne, j'avais choisi cet endroit pour établir ma demeure, croyant par là ne jamais manquer d'eau ; mais je fus trompé dans mon attente, car elle était tellement assiégée tout le long du jour par mes camarades, que bien souvent, faute d'aller faire ma provision pendant la nuit, j'ai ressenti comme eux les horreurs de la soif.

Au bout de trois ou quatre mois, voyant qu'on ne nous échangeait pas et qu'il n'en était même pas question, nous nous mîmes, avec le chagrin dans l'âme, à construire de nouvelles baraques en bois, assez grandes pour contenir de quatre à six personnes, et assez solidement bâties pour nous garantir de la pluie : alors les régiments se réunirent le plus qu'ils purent à cause de la distribution des vivres. Nous n'étions, à cette époque, que 7.000 environ dans l'île, une grande partie de nos infortunés compagnons ayant trouvé la mort sur les pontons à Cadix.

Un jour, nous découvrîmes en mer plusieurs bâtiments avec pavillon espagnol; ne sachant ce que ce pouvait être, chacun faisait des con-

jectures dont le résultat était notre délivrance :
cette idée flattant notre envie, nous nous abandonnâmes à la joie, mais elle fut de courte
durée. Dès que les vaisseaux abordèrent dans
le port, nous vîmes que c'étaient nos officiers
qu'on amenait avec nous : aussitôt je cherchai
des yeux mon colonel; mais si je fus privé du
plaisir que j'aurais eu en le revoyant, j'eus une
satisfaction plus grande : j'appris que, grâce aux
démarches du supérieur du couvent dont j'ai
parlé plus haut, il avait obtenu la faveur de
rentrer en France avec son épouse et son
fils.

Il est peut-être bon de rapporter ici le motif
de l'arrivée de nos officiers parmi nous : on se
rappelle, sans doute, qu'après avoir passé six
mois à Cabréra, on les envoya à Mayorque, et
de là à Palma ; ils étaient dans cette dernière
ville à peu près 450, y compris les officiers de
santé. Un jour il s'éleva entre eux, les Anglais
et les Espagnols, des querelles qui occasion-
nèrent une révolte, à la suite de laquelle les
Espagnols se portèrent vers la caserne des officiers français : leurs intentions, dans cette circonstance, ne pouvaient être douteuses, et pas
un peut-être n'aurait échappé à la fureur qui les
animait, sans la prudence du général Reding,

suisse de nation, commandant la place de Palma, qui eut l'heureuse idée de faire percer une ouverture au mur de leur quartier, opposé à celui qui était assiégé par les révoltés ; il les fit sortir tous par cette brèche qui donnait du côté de la mer, et on les embarqua de suite pour nous rejoindre. Sans cette sage précaution du gouverneur, tous eussent infailliblement été massacrés ; cependant elle n'empêcha pas qu'il n'arrivât des malheurs, et qu'il n'y eût un officier de tué, voici comment :

Au moment où les Français sortaient de la caserne par la brèche, le sieur Chapelain, chirurgien-major des cuirassiers, et le sieur Deschamps, lieutenant au même régiment, à la tête d'une douzaine d'officiers de tous grades, cherchaient à se faire un passage au travers des assaillants, pour rejoindre les autres prisonniers qui étaient déjà embarqués. Ce ne fut pas sans peine qu'ils parvinrent à la mer, où aussitôt qu'ils y furent arrivés, le sieur Chapelain se jeta à la nage, engageant le sieur Deschamps à le suivre, ce que celui-ci voulut faire, mais il n'était plus temps : déjà il était entouré par la populace, et, après s'être vigoureusement défendu avec un couteau qu'il avait pris au cantinier, il fut percé de plusieurs coups de poignard. Cependant il aurait encore pu s'échapper, ses blessures n'étant que légères; mais au moment où il allait atteindre un bâtiment qui était en rade, un matelot espagnol lui fendit la tête d'un coup de hache.

Dans le commencement de notre captivité à Cabréra, nos vivres, qui nous arrivaient régulièrement tous les quatre jours, nous étaient distribués tous les deux jours, et, pour les conserver pendant ce temps, on les enfermait dans une vieille masure qui se trouvait dans l'île avant notre arrivée, et que l'on avait un peu réparée, afin d'en faire une cambuse; mais, malgré tous les soins qu'on y portait, il arrivait souvent qu'elles étaient moisies, gaspillées par les voleurs ou dévorées par les rats qui étaient si gros, que plus tard nous leur donnâmes la chasse pour nous nourrir de leur chair. Pour obvier à de pareils désagréments, on décida que, lorsque les vivres arriveraient, on les distribuerait de suite aux prisonniers pour les quatre ours, ce qui amena un nouvel inconvénient, car quelques malheureux, plus affamés que les autres, mangeaient leurs vivres, les uns en un jour, les autres en deux, ce qui rendait leur misère encore plus grande.

A cette époque, je mettais tout en usage pour

améliorer ma position ; et, comme le corps d'officiers était revenu avec nous, je cherchai à renouveler connaissance avec eux, et je leur offris de nouveau de blanchir leur linge comme je l'avais déjà fait sur les pontons : on pense bien qu'ils acceptèrent avec plaisir, car la malpropreté se faisait sentir de plus belle.

Enfin, me voilà encore une fois blanchisseur, mais cette fois je n'avais pas les mêmes avantages que sur les pontons, où chacun me donnait une portion de sa ration d'eau. A Cabréra, c'était différent ; elle était trop rare, et il ne m'était possible que d'employer de l'eau de mer, ce qui brûlait le linge et le rendait plutôt gris que blanc. J'avoue qu'à Paris, et même partout ailleurs, je n'aurais pas fait fortune en employant les mêmes moyens, mais, dans notre île, on n'y regardait pas de si près, et l'on se trouvait très heureux quand on avait du linge où il n'y avait plus de vermine, car nous en avions tous, et nos chefs n'étaient pas respectés par elle.

Si l'argent n'était pas venu à manquer, j'aurais assez bien fait mes affaires ; mais comme les officiers prisonniers n'étaient pas mieux favorisés que nous, et que, depuis leur séjour dans l'île, ils n'avaient reçu aucune paie, il s'ensuivit

que, petit à petit, personne ne me donna plus
de linge, de sorte que je me vis bientôt réduit
à partager la misère commune. Pour comble de
malheur, tous les jours nous voyions nos effets
s'user de plus en plus, et nos santés aussi, car
les pontons avaient bien détérioré les uns et
les autres, et nous en avions rapporté la vermine,
la gale, la dysenterie et le scorbut, qui n'étaient
rien en comparaison des autres maladies qui
nous affligeaient.

Chaque jour on faisait de nouvelles visites
dans l'île, et nos officiers y firent la découverte
d'une grotte très vaste taillée dans le roc. Elle
était située de l'autre côté de l'île, sur la gauche
du fort, et son entrée, qui était très large, donnait sur la mer. Cette grotte était assez grande
pour contenir à peu près 4.000 hommes ; mais
on ne pouvait l'habiter à cause de son éloignement de l'endroit de la distribution, et il n'y
eut que quelques malheureux entièrement nus
qui s'y réfugièrent pour y trouver un abri contre
la chaleur insupportable que l'on ressentait
dans l'île.

En pénétrant plus avant dans cette vaste
grotte, ce qui ne pouvait se faire qu'avec des
flambeaux, on arrivait, par une pente assez
longue, à une autre voûte, privée entièrement

de jour. Son architecture semblait, au premier coup d'œil, être plutôt l'ouvrage des hommes que celui de la nature, qui s'était plue à l'orner de divers piliers symétriquement placés et embellis de tout ce que l'art aurait pu avoir de plus recherché. C'était à qui irait admirer cette grotte ingénieuse : moi-même j'y fus. Guidé par la curiosité, je voulus pénétrer plus avant qu'on ne l'avait encore fait, dans ces sombres détours, et, après être descendu dans les entrailles de la terre pendant un espace de temps considérable sans trouver le fond de cette caverne, je fus forcé d'abandonner mon projet, dans la crainte de m'égarer et d'y trouver la mort.

On fit vers la même époque la découverte d'une autre grotte, à la vérité moins grande que la précédente, mais beaucoup plus élevée. Celle-ci représentait intérieurement une église par sa construction; son entrée ressemblait à un puits, et on n'y descendait qu'à l'aide de cordages. Une fois que l'on était arrivé au fond, on se trouvait dans un lieu extrêmement sombre; mais aussitôt qu'on avait allumé les torches, dont il était absolument nécessaire qu'on se munît, on était ébloui par la beauté des murs qui étaient revêtus de cristaux, où se réfléchissait la lueur des flambeaux, ce qui produisait un assem-

blage de couleurs variées de mille manières, et
l'on aurait pu croire que ses parois étaient couvertes de diamants. Plusieurs prisonniers qui
sont descendus dans cette grotte ont rapporté
des morceaux de ce cristal, que, par la suite, ils
ont donnés à des Anglais qui venaient de temps
à autre visiter l'île. Il y en eut un, entre autres,
nommé Deschamps, qui en fit un commerce
assez considérable.

Comme il fallait, autant que possible, tâcher
de surmonter l'ennui inévitable, résultant de
la monotonie du lieu qui faisait notre séjour,
la natation fut un des exercices dont nous
retirâmes par la suite le plus d'avantage, surtout pendant les grandes chaleurs, et lorsque
l'eau douce vint à manquer; indépendamment
de l'exercice qu'elle procurait au corps, elle
tempérait les ardeurs de la soif et prévenait
aussi l'usage des eaux saumâtres. Nous étions
tellement persuadés de l'utilité des bains, que,
si un de nos camarades refusait d'en user, nous
en augurions mal, et rarement nos pronostics
se trouvaient faux. Nos ressources pour l'ennui
ne se bornaient pas aux seuls exercices du corps:
plusieurs musiciens, nos compagnons d'infortune, avaient été assez heureux pour sauver
des instruments; d'autres parvinrent à s'en

procurer, et nous eûmes bientôt des concerts réglés. Enfin une société de francs-maçons s'établit : les rapprochements devinrent plus fréquents, et les secours réciproques plus multipliés. Plus tard il y eut une salle de spectacle : un théâtre fut dressé, des pièces rédigées de mémoire et mises en scène, ce qui, plus d'une fois, nous attira la visite de nos gardiens. Ce genre de plaisir produisit le meilleur effet, et, malgré ses imperfections, il produisait en nous une illusion qui nous rapprochait de notre patrie. Mais ce ne fut guère que pour ceux qui avaient été élevés au sein des villes que ce moyen fut efficace; les autres étaient taciturnes, recherchant les lieux les moins fréquentés, se refusaient à toute espèce d'exercice, et bientôt devenaient victimes des maladies qui se déclaraient chez eux, ou périssaient sans aucune affection apparente, et sans demander ni recevoir de secours.

Je trouve ici la place de rapporter une tentative d'évasion que firent nos officiers, et qui, malheureusement pour eux, manqua au moment même où ils allaient recueillir le fruit des peines qu'ils s'étaient données.

Ces officiers, au nombre de 40, dont moitié à peu près de marine, étaient parvenus à cons-

truire dans une baie de l'île, au milieu des
rochers, et dans un endroit absolument introu-
vable pour tout autre qu'eux, une barque assez
grande pour les contenir tous; elle était si bien
faite, qu'après que leur entreprise eut échoué,
chacun allait la voir par curiosité dans le port
où on l'avait amenée. Enfin, pour revenir aux
difficultés qu'ils avaient vaincues, il faut dire
qu'elle leur coûta un travail opiniâtre de plus
de trois mois, ainsi qu'à plusieurs autres
prisonniers qui étaient menuisiers, charpen-
tiers, serruriers de leur état, et qu'ils avaient été
dans l'obligation de mettre dans leur confidence. Ils étaient parvenus à soustraire, lors
de leur débarquement, quelques haches et
d'autres outils sur les vaisseaux qui les avaient
amenés, mais ils étaient loin d'avoir tout ce
qu'il leur fallait; cependant cela ne les rebuta
pas, et, avec des cercles de seaux ils se firent
des scies et des couteaux : le reste fut fabriqué avec autant d'industrie, car jusque-là ils
n'avaient surmonté que la moitié des obstacles;
il leur fallait des voiles, des cordages : ils
firent les premiers avec de la toile de hamacs
et de grosses chemises; quant aux cordages,
cela leur fut plus difficile, car ils n'avaient
pas la matière première. Cependant ils ne se

rebutèrent pas ; ils employèrent d'abord toutes les cordes de leurs hamacs, et ensuite ils firent tant qu'ils se procurèrent du chanvre qu'on leur apportait de Mayorque par petite quantité qu'ils payaient fort cher. Quand tout cela fut fait, il fallut du goudron, et, pour s'en procurer, ils recueillaient la résine qui découlait des sapins, et la mêlaient avec leurs rations d'huile dont ils se privaient depuis fort long temps.

Ils étaient sur le point de voir leur persévérance couronnée du plus heureux succès, lorsqu'ils furent découverts par un Piémontais qui était avec nous, et qui eut la lâcheté d'aller les dénoncer au capitaine de la canonnière, peut-être pour l'appât d'une faible récompense. Quoi qu'il en soit, après son infâme trahison, craignant sans doute qu'on ne lui infligeât la peine que méritait sa perfidie, il disparut et on ne le revit plus dans l'île.

Les officiers, trompés dans leur espoir et fatigués de leur captivité, se trouvant presque entièrement nus, prirent encore une fois la résolution de s'en tirer d'une manière ou d'une autre. Pensant qu'ils seraient toujours mieux ailleurs, quelque mal qu'ils fussent, qu'à Cabréra, en conséquence ils adressèrent à l'amiral

anglais, qui commandait la flotte qui était à
Mahon, un mémoire sur la position où ils se
trouvaient. Leur démarche ne fut pas infruc-
tueuse car, après quelques mois d'attente, on
vit arriver plusieurs bâtiments qui les transpor-
tèrent en Angleterre.

Pendant le temps qu'ils avaient été avec nous,
quoique l'excès et la communauté d'infortune
aient à peu près détruit toute espèce de subordination, l'ordre et la discipline, malgré cela,
s'étaient assez bien maintenus, et nos vivres
nous étaient régulièrement distribués; mais
après leur départ, livrés à nous-mêmes et à la
merci des Espagnols, nous vîmes de nouveau
fondre toutes les calamités sur nous, et, pour
ma part, je perdis le peu de douceurs que me
procurait ma qualité de blanchisseur des officiers, quoiqu'à cette époque il n'y en eût
qu'une très faible partie qui me donnât son
linge.

Je ne dois point omettre ici de rendre un
hommage éclatant aux soins que prodiguèrent
aux malades, pendant leur séjour à Cabréra,
MM. Chapelain, Fouque, Bonnecarrère, chirur-
giens; Duchamp, Avril et Boisson, pharma-
ciens, ainsi que MM. Thillaye, Vallin, Pelle-
tier, Job et Creuzel, qui remplacèrent les

premiers lorsqu'ils partirent pour Palma. Tous se sont acquis des droits à notre reconnaissance ; et, si nous avions eu le bonheur de les conserver avec nous, il est à présumer que nous n'aurions pas à déplorer aujourd'hui la perte d'une grande quantité de nos frères d'armes.

Pour donner une idée au lecteur de ce que nous avons éprouvé pendant cinq ans et onze jours que nous sommes restés à Cabréra, je dois faire ici le détail de ce que nous recevions en vivres, heureux si les distributions s'étaient faites régulièrement.

Notre ration se composait par jour de 4 onces 1/2 de fèves, de 3/4 d'once d'huile, qui nous servaient à la fois de beurre et de viande pour faire la soupe, et d'une livre de pain, ce qui nous faisait, pour attendre la distribution et, par conséquent, quatre jours, 85 onces ou 5 livres 5 onces en tout. Il est aisé de juger par ce détail de ce que devaient éprouver ceux qui avaient un appétit plus fort que ne le permettait leur ration ; aussi serait-il difficile d'énumérer le nombre de ceux qui périrent victimes de la faim.

Quelquefois on nous remplaçait les fèves par du riz ou de la morue. Une justice à rendre, c'est que tout, excepté le pain, était d'assez bonne qualité ; ce dernier, presque toujours, était moisi, mais on se trouvait heureux, quel qu'il fût, d'en avoir, et il n'était pas rare de voir la majeure partie de nous le dévorer en un instant, et la plupart courir comme des loups affamés à la distribution.

Les régiments étaient organisés suivant leur ancien ordre, c'est-à-dire par bataillons et par compagnies. Il y avait par régiment un chef que l'on se nommait pour recevoir les vivres à la cambuse, et qui les distribuait ou les faisait distribuer à chaque chef de compagnie. Aussitôt après, et par bataillon, on faisait cuire les fèves dans des chaudières qui provenaient des bâtiments qui nous avaient amenés, et nous nous mettions ensuite dix par gamelle pour manger. Cet ordre de choses dura à peu près six mois, pendant lesquels il mourut beaucoup de monde, principalement par le manque d'eau.

Pour prévenir les dangers de l'infection, on brûlait les corps, ne trouvant personne qui voulût les enterrer; mais il fallut y renoncer. Outre que ce spectacle était affreux, souvent des portions de cadavres échappaient à la combustion, et, devenant un foyer d'émanations putrides, l'on prit la résolution d'enterrer les morts. Comme on éprouvait de la difficulté pour faire remplir ce devoir, on fut obligé de choisir pour lieu de sépulture un endroit peu éloigné de l'hôpital. Ce lieu, qu'on appelait la Vallée-des-Morts, justifiait chaque jour de plus en plus son titre. Les fosses qu'on y faisait, à raison de la nature du terrain et surtout à cause du manque d'outils convenables, étant peu profondes, les cadavres étaient mis à découvert toutes les fois qu'il tombait de fortes pluies.

Le nombre des rations, bien que celui des prisonniers diminuât de jour en jour, était toujours le même ; alors les chefs de corps profitaient de celles des hommes morts. De notre côté, pour en avoir notre part, il nous arrivait souvent d'enterrer secrètement ceux de nos camarades qui succombaient à leur misère, afin d'avoir leurs vivres ; de sorte qu'il y avait des compagnies qui recevaient 10 et 12 rations, et quelquefois davantage, de plus que leur effectif.

Si cela eût duré longtemps, il y aurait eu un avantage assez grand pour les compagnies faibles ; mais bientôt celles qui étaient au complet en prirent de la jalousie : on commença par des réclamations, ensuite on en vint aux coups ; les gamelles furent cassées, et les Espagnols, s'étant aperçus que nous n'étions plus à beaucoup près autant qu'à notre arrivée, envoyèrent un commissaire avec des troupes pour nous passer en revue : il trouva deux mille hommes de moins, ce qui fit qu'on ne nous distribua nos rations qu'autant que nous avions été présents à la revue, et chacun recevant directement ses vivres, cela fut cause de la mort de beaucoup d'entre nous, qui, se voyant maîtres de leurs rations, les mangeaient de suite et restaient, comme je l'ai déjà dit, quelquefois trois jours sans manger.

Comme l'on passait cette revue tous les trois mois, un de nos camarades, qui avait pour habitude de faire dans l'île des excursions qui duraient souvent plusieurs jours, ne parut pas à une de ces revues, et fut privé de ses vivres jusqu'à celle suivante, de sorte que, sans les cambusiers qui en eurent pitié, il serait mort de faim pendant ce temps.

A l'occasion de la seconde revue, voici un trait qui peut trouver sa place dans ces Souvenirs ; il montre d'ailleurs jusqu'à quel point, chez les Français, l'imagination est fertile en expédients, et que la finesse et l'adresse ne les abandonnent pas même dans les instants les plus critiques. Quelques-uns d'entre nous s'étant aperçus que lorsqu'on passait la revue, plusieurs défilés qui conduisaient à la mer n'étaient pas gardés, aussitôt que le commissaire avait passé devant eux, allaient se jeter à la mer et, par un détour, revenaient prendre rang à la queue des régiments. Les chefs fermant les yeux sur ces petites supercheries, il y en avait beaucoup qui employaient cette ruse ; mais, par la suite, il se trouva sans doute des délateurs, car ils furent pris sur le fait, et les soldats espagnols leur tirèrent des coups de fusil lorsqu'ils les virent à la nage : un seul fut tué dans cette circonstance ; il y en eut un autre qui entendit siffler à ses oreilles une balle qui alla tomber plus loin dans la mer.

Notre misère à cette époque pouvait être considérée comme étant à son comble, et le manque d'eau faisait murmurer les prisonniers, dont un grand nombre avait quelquefois été plus de quinze jours sans boire d'eau douce, attendu que la fontaine dont j'ai parlé plus haut avait peine à en fournir le quart de notre consommation ; enfin, à force de plaintes et de réclamations, les Espagnols nous en envoyèrent à peu près, chaque distribution, 40 tonneaux sur une barque.

Il y avait bien dans l'île, en avant de la rade, sur la colline en face de la mer, une citerne qui fournissait de l'eau assez abondamment ;

mais cette eau était saumâtre et tellement mauvaise, que la plupart de ceux qui avaient l'imprudence d'en boire, trouvaient le trépas peu de temps après.

Il n'est donné qu'à ceux qui, comme nous, ont souffert les horreurs de la soif, de pouvoir bien apprécier jusqu'à quelles extrémités ceux qui les endurent peuvent se porter, et il n'était pas rare de voir des malheureux, cherchant à étancher la leur, trouver un certain plaisir à boire de cette eau, bien qu'ils en connussent les funestes effets; et d'autres, malgré son insalubrité, s'en servir, mais inutilement, pour faire cuire leurs légumes. Il n'y avait que quand cette eau avait bouilli pendant fort longtemps, qu'on parvenait à atténuer ses qualités vénéneuses.

Un des agréments que nous pouvions encore nous procurer dans notre malheur était la promenade; aussi en usions-nous pleinement, et chaque jour était employé à faire des excursions dans l'île pour tâcher d'y trouver quelques améliorations à la fâcheuse situation dans laquelle nous étions. Un jour que plusieurs d'entre nous avaient poussé assez loin leurs recherches, ils découvrirent sur une montagne très élevée, à droite du fort, une nouvelle fontaine qui pouvait fournir à peu près dix seaux d'eau par jour.

Heureux de leur découverte, ils se gardèrent bien d'en faire part aux autres, et pendant quelques temps, ils se récompensèrent amplement en buvant de cette eau, qui était fort bonne, des privations qu'ils avaient éprouvées auparavant; mais leur secret ne leur appartint pas longtemps : bientôt la fontaine fut connue de tout le monde, car le lieu où elle était située, bien qu'il fût très difficile d'y arriver, étant très élevé et dominant entièrement l'île, l'on en faisait une espèce d'observatoire où l'on se rendait journellement pour tâcher d'apercevoir s'il n'y aurait pas quelque vaisseau libérateur en mer. Par la suite, le nombre des buveurs devint si considérable à cette fontaine, qu'on y faisait queue comme à la première, près de laquelle j'avais établi ma demeure.

La pluie, qui tombait trois ou quatre fois par an, aurait pu nous procurer de l'eau en abondance; mais malheureusement comme nous n'avions pour la recueillir que quelques mauvaises gamelles que notre misère nous avait poussés à fabriquer, celle que nous y recevions suffisait à peine à notre consommation de deux ou trois jours, et les mares qui se formaient dans le creux des rochers et les bas-fonds étaient bientôt desséchées par l'ardeur du soleil, qui, en toute saison, est très ardent à Cabréra.

Je vais rapporter ici un événement qui arriva à l'époque des pluies, et qui nous offrit un spectacle vraiment épouvantable : lors de leur départ pour l'Angleterre, les officiers nous avaient laissé plusieurs tentes qui nous servirent à agrandir l'hôpital que nous avions formé, que l'on appelait l'hôpital de la Colline à cause de sa situation sur une de celles qui se trouvaient dans l'île ; il était destiné à renfermer principalement les galeux, et pouvait contenir à peu près deux cents malades. Ceux qu'on y mettait étaient dans un état si dégoûtant, que, malgré la pitié qu'on devait avoir d'eux, on n'osait à peine s'approcher d'eux pour leur donner les soins qu'ils réclamaient : la plupart avaient le corps dans un état si grand de corruption, que leur chair s'en allait par lambeaux ; d'autres, par l'effet du mal, avaient les doigts des pieds et des mains collés ensemble, et plusieurs n'avaient plus que les avant-bras ; enfin, tous généralement, ne pouvaient bouger de dessus leurs lits. Telle était leur position lorsqu'il tomba, pendant une nuit, une si grande abondance de pluie, qu'elle forma dans la colline où était l'hôpital un torrent si impétueux, qu'il entraîna en un seul instant à la mer tous ces malheureux infortunés, sans qu'ils aient eu même le pouvoir de se débattre contre une mort si affreuse. Nous-mêmes, dans nos cahutes, nous fûmes presque tous noyés; c'était une désolation générale de part et d'autre, et le cœur le plus dur aurait été ému à la vue de ce tableau animé de destruction. Tous ceux qui pouvaient marcher fuyaient sur les hauteurs, afin d'éviter une mort presque certaine. Quant à nos infortunés compagnons de l'hôpital, l'obscurité de la nuit ne permettait pas de les voir, mais il était facile, par les cris qu'ils poussaient, de se faire une idée de leurs souffrances; ils imploraient en vain des secours qu'il n'était pas en notre pouvoir de leur porter, le torrent qui les entraînait dans sa chute rapide laissant à peine le temps à leurs cris de douleur d'arriver jusqu'à nous.

Je puis le dire avec vérité, jamais je n'ai éprouvé un pareil serrement de cœur à celui que je ressentis lorsque le jour vint nous faire connaître toute l'étendue du désastre de la nuit; jamais rien de si épouvantable ne s'est présenté à mes yeux : tout était ravagé par les eaux, et les cadavres de ceux qui n'avaient point été entraînés à la mer étaient accrochés aux arbres, aux broussailles, et à tout ce qui, ayant résisté à la fureur des flots, avait pu les arrêter ; enfin, c'était une seconde scène de déluge plus horrible peut-être que tout ce que l'imagination pourrait se représenter de plus affreux.

Après cet événement malheureux que les Espagnols eussent pu éviter s'ils avaient eu de l'humanité, ils décidèrent qu'à l'avenir nos malades seraient envoyés à Mayorque ; nous devions cette faveur à un ecclésiastique nommé Damian Estebrich, qui avait consenti à venir partager notre esclavage. Cette mesure aurait eu les meilleurs résultats ; mais, hélas ! cela ne dura pas longtemps ; leur charité se ralentit bientôt par le nombre des malades qui, augmentant chaque jour, finit par encombrer les hôpitaux de la ville, et à devenir à charge aux habitants. C'était d'ailleurs un spectacle bien rebutant que celui de notre misère, car, presque totalement nus, le corps débile, tous ceux qu'on envoyait à Mayorque n'étaient que des fantômes qu'on ne pouvait regarder sans frémir. Je ne veux pas étendre cependant le reproche d'inhumanité que je fais ici à tous les Espagnols, car les malades qui guérissaient (ce nombre était très petit) revenaient à Cabréra assez bien habillés, ce qui donnait souvent envie aux autres d'être malades pour en avoir autant.

Sur ces entrefaites, le gouverneur de Palma, ayant pris la résolution d'établir un hôpital à Cabréra, y envoya des ouvriers à cet effet, et ils commencèrent un bâtiment voûté d'à peu près cent pieds de long sur vingt de largeur : cet édifice devait être tout en pierres ; mais comme on n'avait pas employé de mortier, au bout de quatre mois de travail il s'écroula, et on en resta là, ce qui ne nous étonna pas beaucoup, car les Espagnols, d'ailleurs très peu persévérants de leur naturel dans leurs entreprises, l'étaient encore bien moins quand il s'agissait de soulager notre misère. Nous étions Français et leurs prisonniers; c'était plus qu'il n'en fallait pour mériter toute leur insouciance.

Je tombai malade à mon tour, et, comme je ne pouvais supporter davantage les souffrances horribles et inexprimables que me faisait éprouver la gale dont j'étais rongé jusqu'aux os, je n'attendais plus que la mort, car j'étais d'une si grande maigreur que les parois abdominales semblaient toucher la colonne vertébrale. Dans ce malheureux état, ressemblant plutôt à un squelette qu'à un homme, je me joignis à une soixantaine de mes camarades aussi bien traités que moi, et nous nous trainâmes au pied du fort pour atttendre qu'on nous transportât à

Mayorque ; nous étions là depuis deux jours, mourant de faim et de soif, lorsque l'ordre formel arriva de ne plus envoyer aucun malade dans les hôpitaux de la ville. Je laisse au lecteur à juger quel dut être notre désespoir à cette fatale nouvelle ; quant au mien, il alla jusqu'au délire : je voyais la mort devant mes yeux, et l'idée de mourir loin de ma patrie me navrait le cœur, et maintenant encore je ne puis me rappeler le piteux état dans lequel j'étais à cette époque, sans éprouver un frisson involontaire qui glace mes sens.

Cependant, comme j'avais conservé toujours des principes religieux, je crus devoir dans cette circonstance implorer Celui qui régit tout ; je lui fis une courte prière après laquelle je me sentis comme soulagé et le poids de mes souffrances diminué : un rayon d'espoir brilla dans mon âme ; il me sembla qu'une voix céleste me disait : *Tes peines finiront ; tu sortiras de ce séjour d'épreuves ; tu reverras ta famille, et un avenir plus heureux te récompensera de ta piété et te fera oublier les maux que tu auras soufferts.* Alors, cherchant à relever mon courage abattu par la misère et le chagrin, j'attendis patiemment que le Ciel daignât mettre un terme à mes maux.

L'ordre dont je viens de parler ayant été signifié, on résolut d'établir un hôpital ou ambulance dans le fort, et notre aumônier en eut la direction. Comme ce fort était bâti sur un rocher très élevé, on n'y pouvait arriver que par un escalier taillé dans le roc ; mais il était si étroit, qu'un homme ne pouvait y monter que de côté, ce qui empêchait qu'on introduisît les malades par l'entrée ordinaire du fort. Pour obvier à cet inconvénient, on mit une poulie, et au moyen d'une corde on hissait un panier dans lequel on plaçait le malade, et très souvent le panier redescendait mort le lendemain celui qu'il avait monté vivant la veille, car les médicaments étaient très rares et se composaient de vin, d'opium, de quinquina, et de quelques herbages qui servaient à faire les tisanes. Quant au traitement qu'on faisait suivre, il consistait seulement à faire manger aux malades leurs rations ordinaires par portions égales à des heures fixes ; aussi arrivait-il qu'à force de languir on mourait de faim. Je citerai à ce sujet ce qui arriva à un soldat dont un ulcère scorbutique avait détruit la moitié de la figure, et qui cependant vécut plus de deux mois avec un appétit qui lui était difficile de satisfaire, vu l'exiguïté des portions.

Le service de l'hôpital nécessitant qu'il y eût quelques personnes pour seconder le signor Damian Estebrich, il en fit la demande au gouverneur de Palma, et obtint la permission de prendre, parmi les prisonniers, six hommes pour l'aider; il avait, en outre, un domestique, et ces individus, qui avaient double ration pour salaire, jouissaient de la prérogative de passer avant les autres lors des distributions d'eau et de vivres, ce qui était d'un grand avantage pour eux, surtout pour celle de l'eau, car, comme il fallait faire queue, nous laissions passer les infirmiers avant nous, lorsqu'ils venaient chaque jour remplacer les deux barils qu'il fallait pour la consommation des malades. La fontaine ne coulant que très lentement, cela ne laissait pas que d'être fort long et de faire murmurer les prisonniers, qui aspiraient toujours après le moment d'avoir de l'eau, le tour de beaucoup arrivant quand elle était épuisée, de sorte qu'il y en avait qui étaient quelquefois deux ou trois jours sans en avoir pour boire.

Ma demeure était toujours près de la fontaine, de sorte que je voyais entrer et sortir ceux qui y venaient. M. le curé, ou autrement dit notre aumônier, dirigeait assez souvent sa promenade de ce côté, ce qui me donna l'idée

de demander d'en être nommé le gardien ;
l'occasion ne tarda pas à se présenter : un
jour que je réfléchissais à ce projet, à tous les
inconvénients de la malpropreté de la fontaine
et aux querelles que suscitait bien souvent le
peu d'ordre qui régnait dans la distribution de
l'eau, il vint de ce côté et parut désirer d'y
pénétrer ; je vis de suite qu'il fallait profiter de
la circonstance, et, lui ayant offert de le conduire, je le guidai sous la voûte du rocher qui
conduisait à la fontaine, lui faisant remarquer
tout ce qu'il y avait de défectueux, et qui pouvait contribuer à faire réussir ce que j'avais en
vue, et ensuite je lui fis observer que si elle
était nettoyée et maintenue propre par un gardien, l'on y trouverait un grand avantage, attendu que les décombres diminuaient de beaucoup le volume de l'eau ; que les prisonniers
atteints de maladies dégoûtantes, et les autres
plus ou moins propres, descendaient souvent
pieds nus les escaliers mouillés pour aller puiser de l'eau, ce qui formait une boue qui, tombant dans le réservoir, en troublait l'eau et la
rendait fétide, ce qu'il approuva fort, et m'en-
couragea à lui faire ma demande, qu'il accepta,
en m'offrant pour récompense des peines que
j'aurais, tant pour nettoyer la fontaine que

pour le sacrifice de mon temps, une livre de
fèves tous les quatre jours ; mais, avant tout,
il me dit qu'il fallait qu'il écrivît au gouverneur pour avoir son approbation, ce qu'il fit de
suite en me quittant. Au bout de douze jours,
la barque aux vivres apporta la réponse affirmative de celui-ci, avec l'ordre de mettre une
porte en bois à claire-voie, et fermant à clé, à la
fontaine. Cet ordre portait, en outre, que le
gardien qui serait nommé aurait une ration de
plus par jour, en sus de la sienne.

Je fus donc installé dans mon poste, ce qui
me fit, par ma suite, appeler *le caporal de la
fontaine;* mais comme notre aumônier avait un
protégé, il me l'adjoignit, et je fus obligé de
partager avec lui le supplément des vivres qu'on
m'avait alloué pour salaire.

Afin de faire d'une manière plus convenable
la distribution de l'eau, l'on afficha sur la fontaine un arrêté ainsi conçu :

Par ordre :

Art. Ier

Tous les prisonniers français reconnaîtront
les nommés Louis-Joseph Wagré, caporal à la
première légion, et Coradi, brigadier au vingt-

unième régiment de chasseurs, comme gardiens
de la fontaine.

Art. II

Il est ordonné à tous les prisonniers de se
conformer au règlement suivant, pour la distribution de l'eau.

Art. III

La première ouverture de la fontaine aura
lieu depuis cinq heures du matin jusqu'à dix,
heure à laquelle la porte sera fermée jusqu'à
deux heures, afin que le réservoir puisse se
remplir.

Art. IV

Le seconde ouverture aura lieu de deux à
six heures, où elle sera fermée de nouveau
jusqu'au matin.

Pendant ces divers intervalles, où personne
n'était admis à entrer dans la fontaine, qui
avait été nettoyée et mise en état, l'eau filtrait
tout doucement à travers le roc, et le réservoir
se remplissait d'une eau claire et limpide, de
manière que, si chacun n'en avait point une
grande quantité, il avait au moins la satisfaction de l'avoir bonne.

Voici de quelle manière on procédait à la distribution :

Tous les prisonniers se mettaient sur deux rangs à la queue les uns des autres, et chacun à son tour, et par la file de droite par la file de gauche, venait puiser de l'eau dans un baquet placé à l'entrée de la fontaine, et s'en allait ensuite entre les deux rangs pour faire place à d'autres.

L'eau était distribuée par ration, et ceux qui avaient des vases pouvaient l'emporter.

Le lecteur se rappelle sans doute que j'ai dit que nous avions trouvé un âne dans l'île lorsque nous y débarquâmes ; nous l'avions gardé, et il nous était fort utile lorsque nous avions à transporter, d'un lieu à un autre, du bois ou toutes autres choses pesantes : Martin était le nom que nous lui avions donné. Lors de la distribution, à laquelle il ne manquait jamais, il venait prendre son rang comme prisonnier ; chose remarquable, c'est qu'il ne laissait pas prendre son tour, et c'eût été vainement qu'on eût cherché à passer devant lui : parfois, malgré qu'on lui donnât double ration, lorsqu'il n'était pas satisfait, il retournait à la queue et revenait à la charge.

Cet animal, qui, du reste, n'avait aucune des

mauvaises qualités de ses semblables, était fort aimé de nous tous ; et il était tellement intelligent, qu'on lui faisait faire tout ce qu'on voulait, comme au chien le mieux dressé.

Le temps s'écoulait, et avec lui notre misère s'agrandissait de jour en jour : l'espoir que nous avions eu d'abord de revoir notre patrie s'était totalement évanoui, et il ne nous restait que l'idée d'un esclavage perpétuel dans l'île de Cabréra. Comme, bon gré mal gré, il fallait se résigner à la voir devenir notre tombeau, nous résolûmes au moins de tâcher d'adoucir, autant qu'il serait en notre pouvoir, l'affreuse captivité à laquelle nous étions condamnés ; à cet effet, et d'un commun accord, on arrêta qu'on reconstruirait, pour la troisième fois, de nouvelles baraques, et qu'on les distribuerait par quartiers.

L'on choisit trois collines : la première, située en face la rade, fut appelée la colline des Dragons ; la seconde, qui était à gauche du fort, fut nommée colline du 14ᵉ, et la troisième, qui se trouvait à droite en face cette dernière, reçut le nom de colline du 121ᵉ.

Tout le monde se mit à l'ouvrage avec une ardeur inconcevable : chacun s'entr'aidait, et nous eussions assez bien réussi dans nos cons-

tructions, si nous avions pu faire du mortier ;
mais nous manquions d'eau, et celle de la mer
ne pouvait servir pour cet objet, de sorte que
nous ne pûmes jamais faire des toitures bien
solides, et quelquefois, à la moindre pluie, nos
toits s'écroulaient et entraînaient bien souvent
dans leur chute le reste de l'édifice ; alors nous
étions obligés de recommencer. Cependant,
après bien de peines et de tourments sans
nombre, nos travaux furent à peu près terminés. En masse, nos habitations bâties en pierre,
en terre et en bois, présentaient un coup d'œil
très agréable ; mais vues séparément, il était
aisé de s'apercevoir que le génie de la construction n'avait pas présidé à leur élévation ;
car, à côté d'une maison assez belle pour nous,
se trouvait une humble cahute qu'on aurait
aisément pu prendre en France pour un toit à
porcs. Quoi qu'il en soit, nous étions tous très
contents, et ce qui nous rendait encore plus
glorieux, c'est que quelquefois les vaisseaux
qui étaient en mer prenaient notre île pour
une ville ou pour un gros bourg, ce qui y
ressemblait assez par la quantité de maisons
qui, toutes, étaient numérotées, et par le
nombre des habitants.

Dans une réunion considérable d'hommes qui,

par la position malheureuse où ils se trouvaient placés, sont forcés de mettre en œuvre toutes les ressources de leur industrie pour rendre leur existence plus supportable, il s'en trouve toujours de plus ou moins industrieux ; aussi beaucoup de nous s'imaginèrent-ils de construire des jardins plus ou moins grands, dans lesquels ils semèrent divers légumes, tels que raves, choux, salade, etc., notre aumônier et quelques Anglais, qui, de temps à autre, venaient visiter l'île, nous ayant fait cadeau de diverses graines pour cet usage. Malheureusement nos prisonniers cultivateurs n'avaient pas la patience qu'il fallait pour attendre que chaque chose arrivât à sa maturité ; ils mangeaient tout presque aussitôt que la terre le produisait, ce qui fut une grande perte pour nous, car, en général, les légumes acquéraient à Cabréra un degré de grosseur considérable : j'y ai vu une rave qui pouvait bien peser de six à sept livres, et il en aurait été de même du reste.

La faim était tellement le mobile de nos actions, que l'on ne respectait rien, pas même les propriétés d'autrui. M. le curé fut une des victimes de ce qu'elle faisait éprouver. Il avait aussi fait construire sur la colline des Morts, par des prisonniers qu'il payait fort peu à la vérité, un jardin dans lequel il avait planté des pommes de terre et des fèves qui ne levèrent jamais, attendu qu'on allait, pendant la nuit, déterrer ses semences pour les manger.

Il fut plus heureux dans une autre entreprise, ce qui le récompensa de ce qu'il perdait dans son jardin potager : il faisait cultiver sur la colline des Dragons des cotonniers, et, comme cela ne pouvait se manger, ils vinrent très-bien. Un jour, quelques-uns de nous lui ayant demandé ce qu'il ferait de sa récolte qui promettait d'être fort abondante, il leur répondit : « Ce sera pour vous faire des chemises à tous. » Mais, reprirent ses interlocuteurs, à quoi bon cette quantité énorme de cotonniers ? Nous ne devons pas toujours rester ici, et il y en aurait de quoi en faire à toute une armée. » Ce à quoi il ajouta : « Allez, mes enfants, il n'y en aura « jamais trop ; et quand vous sortirez d'ici, ma « canne fleurira. » Il perçait dans cette réponse, qui n'était rien moins que consolante, quelque chose de si amer, malgré l'humanité qu'il avait montrée auparavant, qu'elle lui attira l'animadversion de presque tous les prisonniers qui y voyaient un motif de plus pour se persuader que leur captivité ne finirait jamais. Quoi qu'il en soit, il est évident qu'il en savait, à ce sujet, plus qu'il n'aurait peut-être voulu le laisser paraître.

Cette conversation, qui fut bientôt généralement connue, abattit le courage chez les uns, et le releva chez les autres ; je fus du nombre de ces derniers, préférant lutter contre la misère et l'adversité que de me laisser aller au désespoir par l'inaction ; aussi redoublai-je de zèle pour rendre mon sort moins pénible, quelle que dût être la durée de notre malheur.

Je viens bien de dire tout à l'heure que nous avions bâti des maisons ou baraques, comme on voudra bien les nommer, mais je n'ai point fait leur description, afin de mettre le lecteur à même de se figurer le tableau que Cabréra, jadis île déserte et maintenant devenue ville, pouvait présenter : je vais faire le détail de mon habitation ; ensuite il lui sera facile de se faire une idée de leur ensemble.

Malgré que le terrain ne fût pas cher, je ne lui avais donné que dix pieds de longueur sur six de profondeur. Quant à la hauteur, elle pouvait avoir de sept à huit pieds ; et comme, en la construisant, j'avais plusieurs avantages à consulter, dont le principal était celui de gardien de la fontaine, je l'y adossai, de sorte qu'elle se trouvait enclavée par derrière, dans le rocher ;

le second avantage, de me mettre à l'abri du soleil et de la pluie, et enfin, autant que possible, de me procurer toutes mes commodités; c'est pourquoi je n'omis rien de ce qu'il fallait pour la rendre solide et la distribuer convenablement.

A cet effet, je plantai en terre de forts pieux en sapin, surmontés par des poutres transversales, de manière à faire une charpente, après quoi je remplis les intervalles avec des pierres et du mortier, et voici comme je m'y pris pour m'en procurer, ce qui n'était pas facile, car on sait que nous manquions d'eau, et que celle de la mer ne pouvait convenir à cet usage. Comme il m'en fallait absolument pour sceller, j'avais, pendant le beau temps, amoncelé une grande quantité de terre propre à faire du mortier, et quand la pluie tomba, nous nous mîmes à quatre à en faire suffisamment pour calfeutrer les cloisons ainsi que le toit que j'avais auparavant couvert de bruyère et de feuillage, ce qui lui donna à peu près deux pieds d'épaisseur, et me garantit pendant quelque temps de la pluie; mais, par la suite, mon mortier s'étant trop fortement séché par l'ardeur du soleil et la bruyère s'étant tassée par le poids de la terre qui la couvrait, il se forma de larges crevasses que

je fus obligé de recouvrir avec une autre couche
de mortier qui consolida parfaitement le tout
et me mit tout à fait à l'abri.

L'entrée de ma maison était fermée par un
treillage, à hauteur d'homme, en bois rond, et
elle était située à une des extrémités, du côté
de la fontaine. Quant aux meubles, le détail
n'en sera pas long, car ils se composaient de
deux claies suspendues qui nous servaient à la
fois de lits et de chaises, pour mon camarade
et moi ; et comme nous n'avions qu'une pièce,
je plaçai la cheminée en face la porte.

Comme j'avais employé trois personnes pour
m'aider dans ma construction, et qu'à Cabréra,
ainsi que partout ailleurs, on ne faisait rien pour
rien, je les payai en leur abandonnant, pendant
trois mois, la demi-ration qui m'était allouée
en qualité de gardien de la fontaine ; de sorte
que, de cette manière, je devins propriétaire aux
dépens de mon estomac.

J'avais aussi construit deux petits jardins
dont la majeure partie était en terres rapportées
ainsi que presque tous ceux de mes camarades.
L'un était placé en face la porte d'entrée de
ma cabane, et il fallait y passer pour y arriver :
je l'avais entouré d'une haie, afin d'empêcher
que l'on vînt me voler ce que j'y avais planté,

et qui consistait en raves, choux et en quelques
pieds de tabac, qui étaient d'une grande douceur
pour moi, car j'avais auparavant été forcé de
fumer des feuilles d'arbre séchées. Malgré cette
précaution, je ne pus éviter qu'on ne cherchât
à me prendre ce qui faisait le plus bel ornement
de mon jardin; c'était un chou magnifique et
qui était extraordinaire par sa grosseur, car il
avait plutôt l'air d'un arbre que d'un chou, et
son tronc était aussi gros que le bras. Comme
j'y tenais beaucoup, j'en avais le plus grand
soin et me contentais, chaque fois que je voulais me régaler, d'en cueillir quelques feuilles
par en bas, ce qui suffisait pour me faire un
bon plat. Comme, par sa position, mon jardin
bordait le chemin où l'on se mettait pour faire
queue lorsqu'on venait chaque jour à la distribution de l'eau, tous les prisonniers connaissaient la beauté de mon chou; ils y rendaient
tous une espèce de culte en l'arrosant avec les
égouttures de leurs gamelles. Un de ceux-là,
qui poussait sans doute la vénération à un degré
plus élevé que les autres, voulut m'en débarrasser, et voici comme j'empêchai le voleur de
s'emparer de sa proie.

Une certaine nuit, que la chaleur m'empêchait de me livrer aux douceurs du sommeil, je

crus entendre quelque bruit près de mon habitation ; mais il ne me vint pas de suite à l'idée de penser que ce pouvait être quelqu'un qui eût pénétré dans mon potager, car je croyais que la haie qui l'entourait serait une barrière suffisante pour empêcher quiconque aurait convoité mon bien, de se l'approprier ; cependant, comme le bruit continuait, je me levai promptement, et, me rendant aussitôt dans mon jardin, j'aperçus, à la clarté de la lune, mon chou déraciné et un homme qui s'enfuyait à toutes jambes ; je voulus d'abord courir après lui ; mais comme il y avait un assez grand espace qui le séparait de moi, j'abandonnai ce projet, pour me mettre à contempler l'objet de mes plus chères affections, qui était couché sur la terre. Heureusement encore pour moi que la grosseur de son pied avait nécessité de grands efforts de la part de mon voleur, ce qui avait occasionné le bruit que j'avais entendu ; car sans cela j'aurais été privé du plaisir que je me proposais de goûter en m'en rassasiant complètement, et le lendemain matin, mon camarade et moi, après l'avoir fait cuire, nous en fîmes un festin qui, dans notre position, nous parut délicieux.

A l'époque où je parle, il y avait à peu près deux ans et demi ou trois ans que nous étions à Cabréra ; car, ayant négligé de marquer les jours que nous y avions passés depuis notre arrivée, il me serait assez difficile de pouvoir bien au juste préciser le temps. Nous y étions entrés, comme je l'ai déjà dit, environ 7.000 hommes, ensuite il en avait été amené en différentes fois à peu près encore 4 ou 5.000, lorsqu'il nous arriva d'Alicante 1.500 prisonniers qui avaient été faits dans les dernières affaires qui avaient eu lieu entre les Français et les Espagnols : ce fut à qui les questionnerait, pour qu'ils nous apprissent ce qui s'était passé depuis notre captivité, et ce n'était pas sans éprouver une grande satisfaction que nous en écoutions le récit, car souvent nous y trouvions des sujets d'espérance d'une prochaine liberté ; mais il était écrit que notre séjour à Cabréra serait encore long, et que nous y éprouverions des peines encore plus grandes que celles que nous avions endurées.

Dans les premiers temps, ces nouveaux venus étaient étonnés de notre manière de vivre et de ce que presque tous nous étions dénués de vêtements, et mangions souvent nos provisions de quatre jours en un seul. Nous ne fîmes pas attention aux railleries qu'ils nous firent à ce sujet ; nous étions bien certains que nous ne tarderions pas à être vengés; malheureusement pour eux, cela n'arriva que trop tôt, et en six mois il en périt plus de la moitié par la misère : quant à ceux qui restèrent, ils avaient à peine de quoi se vêtir, ayant vendu leurs effets pour subvenir à leurs besoins, qui étaient plus impérieux que les nôtres, attendu que nous étions, en quelque sorte, familiarisés avec la misère.

Comme il n'y avait pas de cabanes pour eux, ils cherchèrent un asile pour se réfugier, et se décidèrent, faute de mieux, à adopter la grande grotte dont j'ai déjà fait la description; ils y étaient fort à leur aise, car on sait qu'elle pouvait contenir à peu près 4.000 hommes ; mais ils furent, comme ceux qui en avaient autrefois fait leur demeure, forcés de l'abandonner, car elle était tellement éloignée de la fontaine et de l'endroit de la distribution des vivres, qu'il leur fut impossible d'y rester.

Comme vers ce temps il y en avait beaucoup parmi eux qui étaient morts, leur nombre ne s'élevait guère à plus de 7 à 800 ; il en mourait aussi beaucoup parmi nous, ce qui fit que peu à peu ils finirent par être logés avec nous. Les camarades des défunts, devenant leurs héritiers, ils leur vendaient les places, soit pour des vivres, soit pour des habits.

De temps à autre, il s'ourdissait des complots
d'évasion, qui, pour la plupart, échouaient
presque en même temps qu'ils étaient conçus :
comme dans le nombre il y en avait toujours
qui arrivaient plus ou moins près de la réussite,
je trouve ici l'occasion de rapporter une de ces
tentatives qui montre le courage et l'intrépidité
des Français.

Chaque fois que la barque qui nous apportait
de l'eau arrivait, on l'amarrait dans le port, et
chacun, comme c'était l'habitude, se rendait au
bord de la mer pour attendre l'instant de la
distribution. Un jour, comme on était en train
de la faire, tout à coup, à un signal qui fut
donné, une trentaine de nos compagnons, dont
peut-être la moitié appartenait à la marine,
s'élancent sur la barque, jettent ceux qui la
montaient à la mer, et en un clin d'œil, après
avoir déployé les voiles, gagnent au large, sans
que les Espagnols aient eu le temps de se reconnaître ; nous-mêmes fûmes dans le plus grand
étonnement, car cela s'exécuta dans moins de
temps qu'il n'en faut pour le rapporter ; bref,
il s'en échappa 31, y compris un soldat qui,
étant en ce moment à se baigner, profita de
l'occasion, en sautant dans la barque, quoiqu'il
fût tout nu.

Il est à croire que cette évasion avait été projetée de longue main, car ils choisirent, tout justement pour l'exécuter, un jour où les canonnières qui nous gardaient étaient éloignées du port. Quant à nous, après être revenus de notre surprise, nous montâmes sur les rochers pour voir plus longtemps nos déserteurs, qui, aussitôt qu'ils furent en pleine mer, afin d'éloigner tout soupçon, se mirent tous en chemise, comme le faisaient les marins espagnols, et dirigèrent leur embarcation du côté où elle s'en allait habituellement. J'ai su depuis qu'aussitôt qu'ils crurent qu'on ne pouvait plus les apercevoir, ils avaient changé de direction, et étaient parvenus à gagner Tarragonne, où ils avaient trouvé l'armée française.

Nous fûmes tous dans la joie de l'heureux résultat qu'avait obtenu l'entreprise de nos camarades ; mais elle se changea bientôt en craintes, les marins espagnols ayant fait leur rapport au commandant des canonnières, lorsque celles-ci revinrent le soir : il donna l'ordre de se mettre à la poursuite des fuyards ; fort heureusement pour nos frères, ils avaient sur les canonnières une grande avance ; sans cela, bien certainement, ils eussent été repris. Deux jours après elles rentrèrent, mais, à notre

grande satisfaction, comme elles étaient par-
ties.

Cet événement, qui procura la liberté à
quelques-uns, devint la source d'un surcroît de
misère pour nous autres; car, à compter de ce
jour et pendant le reste de notre séjour à
Cabréra, les Mayorquains ne nous envoyèrent
plus d'eau, et nous en éprouvâmes de nouveau
la disette.

Lorsqu'on nous distribuait nos vivres, jamais
on ne nous donnait de sel; aussi, pendant longtemps, fûmes-nous forcés de ne point saler nos
aliments, ce qui, à la fin, devint insupportable,
et nous obligea de recourir à toutes sortes de
moyens pour nous en procurer : celui qui nous
réussit le mieux fut de faire évaporer par le
feu, dans une chaudière, une grande quantité
d'eau de mer, qui nous fournissait un sel blanc
et aussi fin que de la farine, mais en si petite
quantité, eu égard au volume d'eau salée qu'il
fallait employer, bien que nous n'en manquions
pas, qu'elle ne pouvait suffire à notre consommation. Quelquefois nous allions en recueillir
qui se formait sur les rochers par les lames
d'eau qui la couvraient lors des tempêtes, et qui,
par la suite, se trouvaient desséchées par le
soleil. Plus tard, nous n'en manquâmes pas;

mais il était si difficile de se le procurer, que ce n'était qu'en risquant sa vie qu'on parvenait à atteindre le haut des rochers, où il se trouvait en abondance.

Malgré le danger que couraient ceux qui étaient assez hardis pour grimper sur les rochers qui n'avaient pas moins de six cents toises de hauteur, beaucoup de nos camarades, dans le but d'en faire une spéculation, ne s'en effrayaient pas, affrontaient une mort presque certaine, et quatorze de ces infortunés périrent victimes de leur ambition.

Ces rochers, comme je viens de le dire, étaient d'une extrême hauteur, et tellement à pic, qu'on les aurait aisément pris pour de vieilles murailles. De distance en distance il y avait des creux qui permettaient de mettre les pieds et les mains, et d'arriver avec des peines extrêmes à leur sommet, où l'on trouvait des masses considérables d'un sel superbe, bien cristallisé et d'une blancheur éblouissante.

Je fus un jour témoin de la mort affreuse de trois de nos soldats qui allaient en chercher pour le vendre ou pour l'échanger contre des fèves qui, vu le manque d'argent, étaient devenues notre monnaie. Ces trois malheureux gravissaient à la file l'un de l'autre un de ces rochers, quand le premier, prêt à atteindre la cime, se sentit tout à coup saisi d'une crampe ou fatigué peut-être; quoi qu'il en soit, ses forces l'abandonnèrent, et il roula de rocher en rocher jusqu'à la mer, entraînant avec lui ses deux compagnons, qui partagèrent son triste sort.

Ces accidents se renouvelaient, hélas! trop souvent, et ces funestes exemples, qui auraient dû en prévenir le retour, ne servirent qu'à accroître l'audace d'un grand nombre de prisonniers, qui mettaient une espèce de gloire à montrer leur intrépidité. Une fois l'un d'eux étant venu me demander en grâce que je lui donne à boire, quoiqu'il me fût défendu d'ouvrir la fontaine hors des heures de la distribution, je lui en donnai cependant, et crus devoir profiter de l'occasion pour lui représenter qu'il y avait de l'imprudence à hasarder sa vie comme il le faisait chaque jour; il me répondit : « Je m'en moque bien; cela me procure de quoi vivre, et j'aime mieux mourir comme cela que de mourir de faim. » Cette réponse prouve assez, je pense, jusqu'où allait, chez de certains individus, l'oubli de leur conservation, et jusqu'à quelles extrémités peuvent se porter des hommes que le besoin force à faire abnégation de tous sentiments.

Je pourrais citer diverses circonstances qui viendraient à l'appui de ce que j'avance ; mais je me bornerai à ne parler que d'un seul fait que voici. En parcourant l'île, plusieurs soldats trouvèrent une espèce de racine qui ressemblait assez à nos pommes de terre, et assez généralement elle était de la grosseur d'une noix. Ces racines, auxquelles nous avions donné le nom de patates, croissaient sous des masses de roches que nous étions obligés de soulever pour pouvoir les arracher. Cette découverte aurait été un véritable trésor pour nous ; mais, malheureusement, ses qualités étaient loin de répondre à l'espérance que nous avions conçue d'abord de pouvoir en faire un aliment. Lorsqu'on la faisait cuire, cette racine ou patate, ainsi que nous la nommions, était très blanche et très farineuse, mais elle était au goût d'une âcreté insupportable ; et après qu'on en avait mangé, on se sentait les entrailles brûlées et des maux d'estomac affreux, ce qui fit que les moins affamés cessèrent bientôt d'en manger ; d'autres, et ce sont ceux qui avaient pour habitude de consommer leur ration de quatre jours en un seul, continuèrent d'en faire usage, et ne reparaissaient au camp que les jours d'arrivée de la barque, passant le reste du temps dans les montagnes à la recherche de ces racines. Il faut croire que ce tubercule avait des propriétés vénéneuses, car nous eûmes occasion de remarquer qu'il y avait une mortalité très grande chez ceux qui en mangeaient, ce qui ne contribua pas peu, lorsque nous étions en quelque sorte obligés d'y avoir recours, de prendre toutes les précautions imaginables pour en atténuer les effets malfaisants. Le seul moyen qui nous réussit assez bien, était de les faire bouillir plusieurs fois dans l'eau et de les mêler avec d'autres légumes.

J'avais construit un petit four auprès de ma maison, afin de faire recuire le pain qu'on nous donnait, lorsqu'il était moisi; j'en avais jusqu'alors tiré un petit avantage, mes camarades me payant cinq fèves par pain que je recuisais; mais cela n'arrivait pas toujours, l'appétit de beaucoup ne leur permettant pas d'attendre que cela fût fait. Alors je me mis à cuire des galettes de farine de patates, dont je viens de parler plus haut, et, sur dix que je cuisais, il y en avait une pour moi. Un jour, notre aumônier, en voyant mon four, me demanda de quelle profession j'étais; lui ayant répondu que j'étais autrefois boulanger, il m'offrit de m apporter un peu de farine lorsqu'il irait à

Palma : ayant accepté, quelque temps après il tint sa promesse en m'en apportant à peu près un boisseau, ainsi que du levain, de sorte que je me mis à faire des petits pains dont j'eus bientôt un grand débit ; mais, ayant éprouvé des banqueroutes d'un côté, et de l'autre ne recevant que des fèves en paiement, je ne pus payer au signor Dallian-Estebricht la farine qu'il me fournissait, ce qui me força de renoncer à ce nouveau commerce, étant obligé bien souvent de manger mes petits pains moi-même, plutôt que de les donner sans argent.

J'ai dit, lorsque j'ai parlé de la construction de nos cabanes, que le lieu que nous avions choisi, et où elles étaient, ressemblait à une petite ville, et que toutes les maisons, au nombre de 1422, étaient numérotées ; mais j'ai omis de dire que nous avions dressé notre plan de manière à laisser en réserve du côté de la mer un espace assez grand pour en faire une place : ce lieu s'appelait le Palais-Royal. Du reste, il était destiné à plusieurs usages, et c'était à la fois le rendez-vous des baigneurs, la promenade et le marché, car, malgré notre pauvreté, nous en avions un où se vendaient et échangeaient les fruits de notre culture et de notre industrie : à la vérité, ce marché ne ressemblait guère à ceux que l'on voit dans les villes, car on n'y trouvait rien de ce qui pouvait flatter le goût ou la gourmandise des habitants des cités, et ce qu'on y apportait se composait des économies de ceux qui, ayant une industrie quelconque, avaient plus qu'il ne leur fallait de nourriture pour leur consommation ; on y trouvait aussi des raves, du tabac, des rats et des souris, en un mot, tout ce qu'on pouvait rouver de mangeable dans l'île, ce qui n'était pas grand chose.

L'argent étant fort rare, je pourrais même dire presque inconnu chez nous, le commerce se faisait en échanges de part et d'autre avec des fèves. Une souris se payait cinq fèves, et on en donnait vingt-cinq ou vingt-six pour un rat, suivant sa grosseur. Je ne sais si l'appétit faisait tous les frais des repas que nous faisions de ces animaux ; tout ce que je puis assurer, c'est que nous nous régalions joliment quand nous pouvions en avoir.

L'industrie, en même temps que la misère, faisait des progrès parmi nous : plusieurs prisonniers faisaient, avec du bois de sabine qui croissait dans l'île, des bâtons sculptés qui, ailleurs qu'à Cabréra, auraient eu beaucoup de prix par la beauté du travail. Les premiers qui

se vendirent le furent à des Espagnols qui
étaient venus établir des cantines dans l'île.
Quoique ces derniers vendissent au poids de
l'or tout ce qu'ils apportaient, ils ne payèrent
ces bâtons, qui auraient pu valoir un prix très
élevé, que 20 sous pièce. Par la suite on en
fit beaucoup, ainsi que des cuillers en buis, des
corbeilles, et toutes sortes d'ouvrages qui devinrent très recherchés, mais dont le profit
n'était pas pour nous, ceux auxquels nous
étions obligés de nous adresser, pour nous en
défaire, ayant pour habitude de nous acheter
tout à vil prix.

J'avais déjà été depuis ma captivité blanchisseur et boulanger; je me mis dans la tête
de devenir vannier; mais le plus difficile était
d'apprendre cet état sans qu'il m'en coutât
rien : pour cela faire, j'allai plusieurs fois chez
un de mes amis qui l'exerçait, sous le prétexte
de lui rendre visite, et au bout de quelques
jours, croyant en savoir assez, je me mis à la
besogne. Le succès ayant surpassé mon attente,
je devins bientôt un des plus adroits dans la
fabrication des corbeilles, ce qui me donna les
moyens de m'acquitter avec le signor Damian,
auquel je devais de l'argent depuis qu'il m'avait
fourni de la farine; et, par la suite, ayant eu

quelques commandes, je ne tardai pas à voir renaître chez moi un peu d'abondance, car il est bon de dire que, bien que ces ouvrages ne fussent pas payés à leur juste valeur, ce que l'on nous en donnait était tout profit pour nous, attendu que nous nous procurions très facilement les osiers et autres bois propices, l'île en fournissant en abondance : nous ne les payions, à ceux qui les allaient les chercher, que trois sous le mille.

Dans les commencements, nous étions obligés de confectionner tous nos ouvrages avec des outils que nous faisions nous-mêmes avec des morceaux de fer; mais, par la suite, les Espagnols, calculant les bénéfices qu'ils pouvaient faire sur les produits de notre industrie, nous en procurèrent, et nous mirent à même de travailler avec plus de facilité.

Peu à peu notre commerce avec eux acquit de l'extension; mais tout le monde ne s'occupant pas, il y avait toujours beaucoup de misère parmi nous, et ceux qui gagnaient quelque chose avaient grand soin de le mettre en réserve, la crainte de manquer de vivres les rendant égoïstes.

Nous étions presque totalement nus, et depuis fort longtemps nous n'avions plus de chaussures. Quant à moi, je n'avais pour tout vêtement que ma vieille capote, encore était-elle si usée, que je craignais, à chaque instant, malgré tout l'attachement que je lui portais, de la voir me quitter, ce qui m'aurait mis dans la triste obligation de partager le sort de la majeure partie de mes compagnons, qui étaient obligés, lorsqu'ils voulurent sortir de chez eux, de cacher leur nudité avec des feuillages.

Nous étions réduits à cette extrémité lorsque nous vîmes arriver, dans notre rade, un brick, anglais qui nous distribua des effets d'habillement : chaque prisonnier reçut une pièce ; pour ma part, j'eus une chemise de marin en toile bleue à carreaux, ce qui me rendit on ne peut plus joyeux.

Quelques malheureux ne jouirent pas longtemps de cette bonne aubaine, qui fut la seule de ce genre que nous eûmes pendant tout le temps que nous restâmes dans l'île, car dès le lendemain il y en eut qui vendirent les effets qu'ils avaient reçus la veille pour deux ou trois rations de pain, et se virent, en moins de rien, aussi avancés qu'auparavant.

Bien souvent nous étions oubliés par les Espagnols, ou, du moins, si nous ne l'étions pas entièrement, nous avions à essuyer de grands retards dans la distribution de nos vivres. Un jour, il y en avait déjà six que la barque qui apportait notre subsistance n'était venue, je mourais de faim, et, pour dissiper les tourments qu'elle me faisait endurer, je me décidai à faire une promenade dans l'île ; les réflexions qu'elle amena ne pouvaient être bien gaies. Tous ceux qui ont été dans la même situation d'esprit que moi, en ce moment, sont à même d'en juger ; aussi mes idées n'étaient-elles pas couleur de rose : l'exercice n'ayant pas tempéré mes besoins, je rentrai à mon habitation, et ne voyant d'autre moyen à employer pour y parvenir, que de chercher dans le sommeil l'oubli de mes peines, je parvins à m'endormir, malgré les pressantes réclamations de mon estomac, qui n'entendait que fort difficilement raison quand il s'agissait de privations.

S'il est un proverbe qui dit : *qui dort dîne*, il en est un qui dit : *ventre creux a toujours rêvé*. Quant à moi, dont le mien est on ne peut plus vide, je ne pouvais faire exception à la règle ; aussi, dès que Morphée eut répandu ses pavots sur ma modeste couche, une foule de songes s'emparèrent de mon cerveau, et tout ce que je puis me ressouvenir, c'est que j'étais fort riche ; peut-être un pressentiment de ce qui allait m'arriver ; la vérité est que si la réalité n'alla pas jusqu'à accomplir mon rêve, toujours est-il que mon sort changea un peu à mon avantage ; voici comment :

A mon réveil, j'appris que les vivres venaient d'arriver ; aussitôt, en ma qualité de caporal, ayant rassemblé les dix-neuf hommes qui restaient sur cent-vingt qui composaient la compagnie à laquelle j'appartenais, je choisis, parmi eux, les quatre plus forts, attendu que presque tous étaient faibles au point de ne pouvoir par l'excès du besoin, porter le plus léger fardeau. Nous nous rendîmes au port, lieu de la distribution ; mais notre tour n'étant pas encore prêt d'arriver, pendant que mes hommes s'étaient couchés en attendant dans les rochers avec les autres Cabrériens, qui pouvaient voir de là décharger les vivres, moi j'allai me livrer à mes sombres réflexions et me promener sur un mur de deux pieds et demi de largeur, d'où je pouvais aussi avoir l'œil sur tout. Alors qu'on réfléchit et quand on n'est pas heureux, il est rare qu'on lève la tête, et la misère dans laquelle je me trouvais me portant naturellement à avoir plutôt l'air humble qu'altier, mes yeux rencontraient plus souvent la terre que le ciel : les miens donc étant fixés vers elle, j'aperçus quelque chose qui me fit d'abord l'effet d'un bouton de cuivre. Comme, dans notre position, la moindre chose nous devenait souvent fort utile, je me baissai pour le ramasser. O joie ! ô surprise ! c'était une pièce de vingt francs ! Dans le premier moment, j'eus peine à me persuader toute l'étendue de mon bonheur, et je doutais encore si j'étais bien éveillé, et si ce n'était pas un effet de mon imagination, qui, bien souvent, me représentait des images flatteuses qui s'évanouissaient presqu'aussitôt que je jouissais du plaisir mensonger qu'elles me faisaient éprouver ; mais cette fois, m'étant bien frotté les yeux, je me convainquis que bien réellement l'objet que j'avais trouvé était bien palpable, et que le désordre de mes idées n'était pour rien dans cette circonstance, et que j'étais devenu possesseur d'une fortune. Grand Dieu ! je vous remerciai de votre bonté, car ce ne pouvait qu'être par un bienfait du ciel, réservé pour moi, que je fis cette trouvaille ; les prisonniers allant journellement se promener sur ce mur, il est étonnant qu'aucun d'eux, avant moi, ne l'ait faite. Le contentement faillit m'être funeste, et, dans la satisfaction où j'étais, prenant peu garde à ce que je faisais, un peu plus je tombais à la mer.

Maintenant, rentré dans mes foyers, et obligé de travailler pour nourrir ma famille, je puis dire avec vérité que je n'éprouverais pas, si tout à coup on venait me donner 20.000 francs, une sensation plus douce que celle que me fit éprouver, en ce moment cette pièce de 20 francs.

Dans ma joie, qui était inexprimable, je ne savais que devenir; je ressentais l'embarras des richesses : je ne voulais confier mon secret à personne; cependant, tout bien résolu, comme l'égoïsme n'a jamais été le mobile de mes actions, je me décidai de faire part de ma bonne fortune à un de mes camarades de captivité nommé Chaudet, dont je connaissais toute l'amitié et la discrétion, et en qui j'avais mis toute ma confiance, et qui se l'était véritablement acquise par les égards et les prévenances qu'il n'avait cessé d'avoir pour moi comme étant son chef.

Ce bon camarade était comme les autres couché dans les rochers, et ne se doutait pas que le bien lui venait en dormant. L'ayant tiré à l'écart, je lui racontai mon aventure après lui avoir fait promettre qu'il n'en ouvrirait la bouche à qui que ce soit, craignant, comme l'argent n'a pas de nom, que quelqu'un ne vînt me replonger dans la misère en me réclamant la pièce comme lui appartenant, et il y en avait beaucoup parmi nous, soit dit sans médisance, qui ne se seraient pas fait scrupule d'en agir ainsi.

Voyant que nous aurions encore au moins deux heures à attendre l'instant de la distribution, j'invitai Chaudet à prendre sa part d'une collation que je voulais faire en réjouissance de l'heureux hasard qui venait de me procurer une aussi bonne aubaine; je m'attendais à le voir accepter avec empressement, mais je fus aussi surpris qu'attendri quand ce pauvre garçon après avoir refusé, me dit: « Caporal, je « suis bien endetté, je dois 30 sous, et, « pour les payer, il faut que je me prive d'une « ration par distribution pendant encore fort « longtemps. Puisque vous avez l'intention de « me régaler, ce dont je vous remercie, le plai- « sir que vous voulez me faire se changerait en « un bien grand service si vous pouviez me « donner ce que vous vous proposez de dépen- « ser pour moi; cela me faciliterait les moyens « de m'acquitter de ce que je dois, et me ren- « drait au moins maître de tous mes vivres, car « vous savez que je suis toujours trois jours « sans manger de pain. » Il y aurait eu inhu- manité de ma part en ne satisfaisant pas à une demande aussi juste ; je lui répondis : « Qu'à cela ne tienne ; viens toujours, nous verrons après. » Cette fois il ne se fit pas prier, et, nous étant acheminés vers une des cantines tenues par les Espagnols, nous nous disposâmes à nous récompenser, au moins une bonne fois, des privations que nous avions souffertes depuis si longtemps.

Une grande difficulté s'élevait, c'était celle de changer ma bienheureuse pièce sans donner l'éveil aux Cabrériens nos camarades ; cela me tourmentait beaucoup. Après avoir réfléchi au moyen que j'employerais, je m'arrêtai à celui de m'adresser au patron de la barque aux vivres : à cet effet, ayant demandé à lui parler en particulier, je lui dis qu'il m'obligerait beaucoup s'il pouvait me donner de la monnaie de 20 francs. Comme je savais qu'à Mayorque elles valaient 18 francs, je les lui demandai, mais il ne m'en offrit que 16 fr. 50, dont il fallut me contenter, puisque je ne pouvais faire autrement. Porteur de mon argent, nous allâmes droit à la cantine, et nous étant fait aussitôt servir à chacun une bouteille de vin d'Espagne, dont je n'avais pas bu depuis notre sortie de Xérès, j'ajoutai à cela quelques petites choses pour compléter le régal. Modernes Lucullus, quand vous êtes dans vos riches salons, assis autour d'une table couverte des mets les plus recherchés, vous ne pouvez éprouver autant de jouissance que nous en ressentîmes en faisant notre modeste festin qui, en tout, me coûta 30 sous ; l'appétit et la privation en faisaient les frais, et quelque frugal qu'il fût, tout me sembla délicieux.

Après avoir ainsi satisfait une envie bien pardonnable à des gens qui, depuis trois ans, ne vivaient que de privations, et avoir remis à mon camarade Chaudet ce qui lui fallait pour acquitter sa dette, nous regagnâmes fort gaîment le lieu où se faisait la distribution, un peu moins affamés que lorsque nous y étions allés auparavant ma trouvaille.

Une justice à rendre à celui que je venais d'obliger, c'est qu'il ne se démentit jamais, et que cela ne fit qu'ajouter à notre ancienne amitié. Pour moi, voulant profiter de ma richesse et bien employer les 13 fr. 50 qui me restaient encore, je remontai ma garde-robe en achetant de suite, à plusieurs prisonniers nouvellement arrivés d'Alicante à Cabréra, divers effets, tels que pantalon, veste, chemise et souliers ; tout cela, quoique fort bon, ne me coûta que fort peu de chose, et le soin que j'apportai à soi-

gner et ménager ces objets, firent qu'ils me du-
rèrent jusqu'à ma sortie d'esclavage.

Avec le reste de ma fortune, que j'employais
non moins utilement, je vécus fort bien, à la
vérité de fèves et de pain, ce qui me fit devenir,
en fort peu de temps, tellement gras, que plusieurs de mes camarades avaient peine à me
reconnaître, tant j'avais acquis d'embonpoint ;
il en fut aussi de même de Chaudet, qui partageait quelquefois mes repas, et qui, ayant ses
rations entières et un peu plus de contentement
depuis qu'il n'avait pas à se priver de son nécessaire, reprit aussi promptement ses forces
qu'il avait perdues par suite des privations
qu'il s'était faites.

J'ai toujours pensé depuis que cette pièce
avait été perdue par un de nos officiers, attendu
qu'ils allaient très souvent se promener sur le
mur où je l'avais ramassée, et il est à présumer que le hasard en aura fait trouver à plusieurs
d'entre nous, puisqu'un de nos camarades en
trouva une dans la semelle d'un vieux soulier
qu'on avait jeté dans les rochers, derrière nos
baraques, ce qui lui arriva en allant chercher de
vieux morceaux de cuir dont il faisait un commerce, en vendant les meilleurs à ceux qui
s'étaient imaginés d'établir des ateliers de cor-

donniers où l'on travaillait plus en vieux qu'en neuf.

Il fut moins heureux que je ne l'avais été ; et comme il se trouvait plusieurs Cabrériens avec lui au moment de sa découverte, il fut obligé de partager avec eux, et ce qui lui resta pour son compte ne lui profita pas beaucoup.

La misère nous harcelait toujours, et en général tout le monde en éprouvait les atteintes, ce qui faisait des mécontents, et occasionnait beaucoup de fermentation dans notre île ; les complots d'évasion se renouvelaient tous les jours à cause des retards que nous éprouvions continuellement dans la distribution de nos vivres, soit par la négligence que l'on mettait à en faire l'envoi exactement, soit à cause des mauvais temps qui empêchaient aussi fort souvent la barque d'arriver de manière à ne pas nous faire languir continuellement après nos subsistances.

Un jour, il y en avait déjà six que nous n'avions reçu de vivres, la mer était tellement houleuse, que la barque ne put, lorsqu'elle arriva, aborder dans la rade à l'endroit où l'on avait habitude de l'amarrer pour opérer le débarquement ; il fallut la diriger vers l'autre partie de l'île, opposée à celle-ci, et la faire entrer dans une baie qui, du côté de la mer, se trouvait entourée de rochers à pic d'une hauteur prodigieuse, sauf un très petit espace qui semblait fait exprès pour débarrasser la barque de ce qu'elle apportait. Les pauvres soldats prisonniers qui attendaient avec impatience le moment où on leur délivrerait de quoi apaiser l'horrible faim qui les tourmentait, se portèrent en foule, au nombre d'à peu près deux mille, vers cet endroit, et, gravissant les rochers, regardaient avidement la barque objet de leurs plus chères affections, dans le besoin pressant qui leur faisait préférer leurs vivres à toute autre chose.

C'est dans cette situation d'esprit, qui animait la majeure partie de nous, qu'une soixantaine de prisonniers, tant officiers que sergents et fourriers qui étaient arrivés après nous dans l'île tentèrent de se procurer leur liberté en s'emparant de la barque, et de s'évader avec; mais ils avaient mal conçu leur projet d'évasion et mal calculé les suites qu'il pouvait avoir, ce qui fit qu'ils échouèrent complètement dans leur entreprise.

Voici comment cela se passa :

Arrivés dans la baie, les marins espagnols n'eurent pas plutôt abordé, qu'ils furent jetés à l'eau avec une promptitude inconcevable par les conjurés, qui se hâtèrent de hisser les voiles et de gagner au large, emportant avec eux près des deux tiers des vivres; mais ceux qui étaient sur les rochers, voyant s'évanouir, par cette fuite, toutes leurs espérances, se mirent tous, d'un commun accord, à leur lancer une grêle de pierres qui, en ayant blessé plusieurs, les força, quoiqu'à regret, à rétrograder.

Comme depuis la prise de la barque à l'eau, dans une semblable circonstance, on avait cessé de nous en envoyer, nous n'avions aucunement envie de nous voir privés, par la suite, de notre pain, ce qui n'aurait pas manqué d'arriver si les fuyards étaient parvenus à s'échapper; aussi cette réflexion porta-t-elle ceux qui étaient sur le haut des rochers à écraser, avec les pierres qui se trouvaient sous leurs mains, leurs camarades, plutôt que de se voir réduits à périr de faim.

Dès qu'ils furent revenus à bord, les marins espagnols reprirent possession de leur barque et firent prisonniers tous ceux qui s'y trouvaient il y en eut même plusieurs qu'ils tuèrent-sur-le-champ, et ceux qui se jetèrent à la mer ne purent éviter d'être assommés à coups de rames et de crosses de fusils, ne pouvant trouver aucun refuge dans les rochers dont j'ai parlé plus haut, et qui, ainsi que je viens de le dire, étaient tellement à pic, qu'il devenait absolument impossible, à ces malheureux, d'y grimper du côté de la mer.

Cependant, dans le nombre de ceux qui cherchèrent leur salut en se jetant à la nage, il y en eut plusieurs qui parvinrent à échapper à la mort et à se sauver en se cachant pendant plusieurs jours dans des creux de rochers et dans les bois qui se trouvaient dans l'autre partie de l'île. Par la suite, ceux qui furent assez heureux pour se soustraire à la fureur qui animait les Espagnols, rentrèrent peu à peu avec nous, et comme ils étaient tous en grade, on les fit rejoindre les autres officiers que l'on avait déjà envoyés en Angleterre.

Depuis notre longue captivité, nous avions été obligés de fabriquer nous-mêmes, tant bien que mal, tous les objets de première nécessité, dont nous avions besoin pour notre usage habituel. Comme nous étions privés de vases pour manger nous nous mîmes à démantibuler nos schakos pour nous faire des plats et des assiettes avec les fonds. Plus tard, l'industrie ayant acquis un degré de perfection plus grand, quelques Cabrériens se mirent à faire des espèces de petits baquets en bois, bien cerclés, qui nous servirent de gamelles ; alors les fonds de nos schakos reçurent une autre destination : on les employa à faire des semelles aux chaussures que l'on faisait avec tout ce qu'on pouvait trouver de convenable, tels que vieux morceaux de drap et de feutre.

Dès qu'on se fût imaginé de fabriquer des gamelles en bois, c'était à qui s'en procurerait, et il n'y avait pas d'habitation où il n'y en eût au moins deux ou trois, de sorte que l'on allait plus à la distribution de l'eau que par corvée, au lieu qu'auparavant, faute de vases, chacun était obligé d'aller chercher la sienne. Après les gamelles en bois, vinrent les fourchettes ; ensuite on fit des balances pour pouvoir peser tout ce qui faisait notre ordinaire, car bien souvent, pour une fève de plus ou de moins, on en venait aux mains, et l'on se serait déchiré les uns les autres pour si peu de chose.

Le commerce que l'on faisait sur les vivres acquit de cette manière un peu plus de facilité : les balances mettant tout le monde d'accord, l'on ne voyait plus aussi souvent de rixes, dont la cause principale était la misère affreuse où nous étions plongés, c e qui nous rendait tous égoïstes.

Nous avions déjà remarqué, à peu près à une

demi-lieue de Cabréra, une autre île qui, vue
à cette distance, nous paraissait être couverte de
bois; quelques-uns des nôtres, bons nageurs et
très courageux, poussés par la curiosité, quoiqu'affaiblis par le besoin et la privation, entre-
prirent de tenter la traversée. Du nombre de ces
intrépides nageurs, se trouvait un dragon,
nommé Coutant, qui parvint un des premiers à
cette île. Le résultat de son premier voyage fut
une grande provision de gibier, composée d'hirondelles de mer et de lapins; ces derniers étaient
en si grand nombre dans l'île, que l'on pouvait
les tuer fort aisément avec un bâton. Encouragé
par cette heureuse chasse, il ne manqua pas par
la suite de retourner fort souvent à la charge et
de trouver, dans cinq ou six pauvres diables,
des imitateurs.

Cette île, que nous appelâmes *l'île des Lapins*,
pouvait avoir environ une lieue de circonfé-
rence, et les rochers qui l'entouraient étaient
tellement élevés et rudes à gravir, que ce
n'était que très difficilement que l'on pouvait
y arriver; cependant, malgré tout le danger qu'il
y avait à courir tant à cause de la traversée
pour aller et revenir, que par les peines inouïes
qu'on avait à pénétrer à travers les broussailles
qui l'environnaient, cela ne rebuta pas nos

8*

chasseurs, qui, joint à l'agrément d'avoir un supplément à leurs vivres, trouvaient dans ces courses l'agrément d'une chasse abondante, puisque les hôtes de l'île étaient si peu farouches, qu'on les prenait aisément au collet.

Le plus difficile était de rapporter le gibier : nos pourvoyeurs employaient pour cela des espèces de radeaux qu'ils faisaient avec des roseaux, et qu'ils attachaient ensuite à leurs corps ; mais comme le trajet de l'île des Lapins à Cabréra était très dangereux, il arrivait souvent qu'ils y restaient quelquefois trois ou quatre jours, et ne revenaient que quand ils avaient pris de quoi les récompenser amplement de leurs fatigues. C'était toujours Coutant, dans ces sortes d'excursions, qui était le plus heureux et rapportait le plus d'hirondelles et de lapins. Mais une fois son ambition faillit lui être funeste ; il n'emportait jamais que fort peu de provisions. Un jour n'ayant pris avec lui, comme à son ordinaire, que la moitié d'un pain, le temps devint si mauvais, qu'il lui fut impossible de se remettre en mer pour revenir, et il fut obligé de rester trois jours dans l'île sans aucune nourriture. Pressé par la faim, il voulut essayer de manger cru du produit de sa chasse, n'ayant aucun moyen de se procurer ce qu'il fallait pour faire du feu, et il serait mort d'inanition à côté d'environ une cinquantaine de pièces de gibier, sans la pitié que prirent à son sort quelques Anglais qui appartenaient à l'équipage d'un brick qui avait abordé chez nous, et qui, ayant été prévenus par ses camarades de l'embarras où il se trouvait, consentirent à aller le chercher avec une barque ; ils le trouvèrent dans un état voisin de mort ; et, après lui avoir fait prendre quelques spiritueux qui le firent revenir, ils l'embarquèrent, lui et sa chasse, qui, à son arrivée, était gâtée en partie et ne pouvait être mangée, malgré notre peu de répugnance à satisfaire bien souvent notre appétit des choses les plus dégoûtantes.

La leçon qu'il venait de recevoir aurait dû le corriger de son envie de courir, et tempérer un peu son courage et celui de ceux qui s'associaient bien souvent à ses périls ; eh bien, au contraire, se faisant gloire de les affronter, ils ne voulurent pas, malgré les représentations de leurs camarades, abandonner cette périlleuse chasse, ce qui fut cause qu'un d'eux devint victime de son entêtement au moment d'arriver au but de son voyage. Un jour qu'ils étaient partis trois, et que déjà ils approchaient des bords de l'île des Lapins, la mer se gonfla avec tant de furie, et la tempête devint si violente, qu'à tout moment ils avaient à craindre d'être engloutis au fond des eaux : deux furent assez raisonnables pour, après s'être reposés, se décider à rétrograder ; le troisième, plus intrépide ou plus entêté, voulant venir à bout de son projet, chercha à s'accrocher aux rochers pour aborder ; mais ses forces l'abandonnèrent bientôt, et les vagues qui battaient les flancs des rochers l'ayant entraîné, sans qu'il pût opposer la moindre résistance, il trouva la mort pour prix de sa témérité.

Outre les lapins et les hirondelles que nos camarades trouvèrent dans l'île, ils y firent la découverte d'une sorte de bois très propre à la fabrication des bâtons sculptés, dont j'ai parlé plus haut, ce qui fit grand plaisir à ceux qui s'occupaient de ce genre de travail, car, à force d'en couper, il ne restait plus dans Cabréra aucun arbre qui pût convenir à cet usage, et les Espagnols, qui spéculaient toujours avec avantage sur notre misère, allèrent en chercher dans l'île des Lapins, et en rapportèrent en grande quantité.

Jusqu'à ce moment, j'ai omis de dire que nous avions parmi nous huit femmes aussi infortunées que leurs maris dont elles partageaient le sort ; comme il ne leur arriva rien d'extraordinaire, je crois inutile de le rapporter ici, et je croirai aussi manquer au respect que l'on doit à un sexe toujours recommandable par plus d'une qualité, si je ne rendais en général hommage à la conduite digne d'éloges qu'elles n'ont cessé de mériter, et il n'y eut qu'une d'elles, une Polonaise fort belle, que l'on ne peut, malgré tout, accuser, puisque le blâme doit retomber sur son mari, qui, voyant la misère où se trouvait ce dernier, consentit à être vendue par lui à un maréchal-des-logis de canonniers, moyennant la somme de soixante francs, et à suivre celui-ci en Angleterre quand on y envoya les officiers.

Avec le temps, nous allions de découverte en découverte, et nos recherches augmentaient au fur et à mesure que nos besoins s'accroissaient : dans ces sortes de choses, c'étaient toujours les plus hardis qui parvenaient à trouver quelque amélioration ; ensuite tout le monde était appelé à partager le fruit de leurs peines, les uns en payant en argent, les autres en donnant des fèves qui étaient toujours une monnaie reconnue chez nous. Les plus intrépides, et ceux pour qui les excursions étaient un besoin, gravissaient continuellement les rochers les plus escarpés, descendaient dans les précipices au bord de la mer pour chercher des coquillages. Souvent, à la vérité, leurs peines étaient infructueuses, mais bien souvent aussi ils trouvaient de quoi s'en dédommager.

Un genre de pêche, que le hasard nous fit découvrir, semblera d'autant plus singulier, que nous l'employâmes pour une sorte de poisson de toute grosseur, et qui pouvait peser ordinairement de huit à neuf livres, poids du plus gros que nous ayons pris ; sa tête formait une masse plate ressemblant assez à un champignon d'où sortait sept queues qu'on pourrait comparer à des anguilles et qui, toutes, étaient fixées à la partie supérieure ; au-dessous de la tête, ce poisson portait une espèce de vessie ou cloque remplie d'une liqueur noirâtre qu'il dégorgeait presque chaque fois qu'on le prenait, ce qui noircissait l'eau d'une manière étonnante. Voici comment nous découvrîmes ce poisson, dont la couleur était d'un gris foncé, et les moyens que nous employions pour le prendre.

Nous nous baignions très souvent à la mer dans un endroit très convenable pour cet exercice, et qui se trouvait près de la rade et de notre place du Palais-Royal. Un jour que nous étions plusieurs à la nage, nous entendîmes un de nos camarades, qui était en ce moment dans les roseaux, nous appeler à son secours en criant de toutes ses forces ; lui ayant demandé ce qu'il avait pour s'égosiller ainsi, il nous répondit qu'il était pris par les jambes, et qu'il ne pouvait plus remuer de place. Nous crûmes, d'abord, qu'il s'était embarrassé dans les herbages ; mais étant allés pour le secourir, et l'ayant tiré hors de l'eau, nous trouvâmes un de ces poissons qui s'était attaché à ses jambes en les lui enlaçant et tortillant ses queues autour d'elles : nos efforts pour le faire lâcher prise furent d'abord infructueux ; mais l'eau étant venue à lui manquer totalement, il ne tarda pas, peu à près, à tomber de lui-même. Notre surprise fut extrême en voyant la construction de ce monstre marin, qui pouvait bien peser huit livres ; mais ayant réfléchi qu'il pouvait peut-être faire un bon manger, nous fûmes très contents de cette découverte.

Celui qui l'avait pris en étant conséquemment le propriétaire, il en vendit une partie et se réserva l'autre pour son usage. L'ayant fait cuire, nous trouvâmes sa chair fort succulente ; et bientôt le bruit s'étant répandu qu'on avait pêché un nouveau poisson très gros et très bon, c'était à qui se creuserait l'imagination pour trouver les moyens d'en attraper d'autres : d'abord, on se servit d'un long bâton qu'on enveloppait de linge et qu'on piquait dans l'endroit où le poisson faisait habituellement sa résidence ; celui-ci ne tardait pas avec ses queues de s'attacher au bâton ; alors on le tirait à terre, et bientôt, comme la première fois qu'on en prit un, il cessait de vivre dès l'instant que l'eau venait à lui manquer. D'autres emmanchaient un morceau de fer au bout d'une perche, et piquaient le poisson comme on le fait lorsque l'on prend la truite au trident ; enfin, plusieurs en pêchèrent à la main, et moi-même j'en pris plusieurs, échangeant ce que j'avais de trop contre des fèves.

Ce poisson nous procura beaucoup d'amélioration dans notre sort ; ensuite, comme il était fort bon, peut-être le trouvions-nous ainsi à cause de la continuelle privation où nous étions de ce que nous aurions pu préférer ; il nous remplaçait la viande, et nous faisions du bouillon avec sa chair que nous mangions ensuite, et qui, une fois cuite, était rouge et n'avait aucun des goûts plus ou moins fades du poisson. D'après ce que nous apprîmes des Espagnols, que nous consultâmes sur la nature et le genre de ce poisson, nous sûmes qu'ils l'avaient désigné sous le nom de *Pourpre*, qu'il justifiait bien par la couleur de sa chair.

Nous avions encore la facilité de nous procurer du poisson en nous adressant aux pêcheurs espagnols qui, très souvent, venaient tendre leurs filets sur les côtes de Cabréra, et prenaient, pour les aider, quelques-uns des nôtres qu'ils payaient ensuite en poisson, dont ceux-ci revendaient le surplus de leur consommation à leurs camarades ; mais cela ne dura pas longtemps, et l'envie de la liberté agissant fortement sur beaucoup d'entre nous, il y en eut qui s'emparèrent des barques de ces pêcheurs et qui s'évadèrent avec, ce qui fit qu'on leur intima l'ordre de ne plus débarquer dans Cabréra, sous peine d'amendes très considérables.

Les hommes dans la misère ne se laissent pas tous abattre par l'adversité ; en voici une preuve que je vais citer, dans l'aventure qui arriva à un gendarme, nommé Poline, prisonnier avec nous et qui faisait partie des soixante qui avaient été pris au fort de Figuières. Se trouvant un jour au bord de la mer, il vit un brick qui cinglait droit sur Cabréra ; croyant qu'il y venait, il se jeta de suite à la mer, et se mit à nager de toutes ses forces dans l'espoir d'arriver au brick, d'en obtenir quelques secours, et peut-être de trouver les moyens de s'évader. L'équipage, l'ayant aperçu, vira de bord ; alors, lui, sans perdre courage, nageait toujours ; mais à la fin, commençant à se fatiguer, il lui fut impossible ni d'avancer ni de revenir en arrière ; dans cette triste situation il fallait qu'il se décidât à la mort, qu'il n'aurait pas manqué de trouver dans les flots, si le commandant du brick, touché de compassion, n'eût envoyé la barque à son secours, car il était temps ; lorsqu'elle l'atteignit et qu'elle l'eut conduit à bord, il y fit un récit de sa misère qui apitoya tout le monde sur son sort ; aussi, avant de le ramener dans l'île, on lui donna une forte provision de bouche, composée de biscuit, lard, riz, et, joint à cela, quelques effets d'habillement, ce qui le remit assez bien dans ses affaires.

Cet événement ne fut pas malheureux pour nous, car environ deux heures après avoir remis notre camarade dans l'île, avec ses provisions, le brick entra dans la rade, et, par l'ordre de l'officier qui le commandait, on nous distribua ce qu'il y avait de vivres à son bord, ce qui, partagé entre nous tous par égale portion, nous fit à chacun seize onces et demie de provisions. Je me plais, en racontant ce fait, à rendre hommage à la vérité et à la bienfaisante humanité des Anglais dans cette occasion. Leur chef, avant de quitter l'île pour retourner à Mayorque, nous visita dans les plus grands détails, et je dois dire aussi que notre affreuse misère sembla lui inspirer un vif chagrin.

Après cette revue, et sur le rapport qui lui fut fait de notre situation dans l'île, il parut désirer de visiter notre fontaine, et, en ma qualité de gardien, je m'offris de le conduire; ayant accepté, je l'y menai, et fis observer à ce personnage tout ce qu'il pouvait y avoir de curieux : il trouva que l'eau était fort belle, et, l'ayant goûtée, il en fit remplir un baril qu'il remplaça, pour ne pas nous faire tort, par un autre de celle qu'il avait sur son bâtiment.

Il est à croire qu'à son arrivée à Mayorque il réclama en notre faveur; car, le lendemain, nous reçûmes dans une petite barque pour deux jours de vivres, et, dans la même journée, par un autre envoi, pour quatre jours ; ce qui rétablit un peu l'ordre en mettant ceux qui avaient été obligés de faire des emprunts en vivres à même de s'acquitter envers ceux auquels ils en devaient, sans trop se faire de privations.

Il est aisé de voir, par ce fait, que jusqu'alors les dispositions des Espagnols envers nous ne nous étaient guère favorables, et il m'est pénible d'avoir à accuser de négligence et d'inhumanité un peuple qui, sous tous les rapports, devrait être toujours notre ami et notre allié, et, dans cette circonstance, les Anglais, quoique nos ennemis, nous sauvèrent la vie.

Ce ne fut pas sans me laisser des marques de générosité, que l'officier commandant le brick quitta la fontaine; et, pour un malheureux prisonnier comme moi, ce qu'il me fit donner, quoique fort peu de chose, me devint un trésor; car, avec cela, je fus à même de manger encore du pain ma suffisance pendant quelque temps, la ration journalière étant tellement exiguë, qu'elle suffisait à peine pour un repas, encore fallait-il le faire très chétif.

Malheureusement pour nous, si les bonnes aubaines étaient rares, les famines étaient très fréquentes; et, pour mettre le comble à nos maux, ne voilà-t-il pas que l'esprit de parti vint y ajouter et nous rendre victimes du plus ou moins d'intérêt qu'on nous portait à Mayorque. Voici à ce sujet ce que je vais raconter : il existait dans l'île de Mayorque, comme je viens de le dire, deux partis bien distincts, dont l'un voulait du bien, et l'autre du mal; de sorte que cette divergence d'opinions occasionna des disputes assez sérieuses et même des rixes, à la suite desquelles la barque, qui nous apportait notre subsistance, fut deux fois arrêtée à la sortie du port et pillée, et pendant neuf jours nous restâmes sans vivres. On peut évaluer à six cents le nombre de ceux qui périrent de faim dans cette circonstance, et il est impossible de trouver d'expressions assez poignantes pour rendre un juste compte de la position affreuse où nous étions, et du tableau de la profonde misère que représentait notre colonie. A chaque instant du jour, ne pouvant plus nous soutenir, nous gravissions, sur les pieds et sur les mains, jusqu'au sommet des rochers pour tâcher d'apercevoir du plus loin possible la barque, objet de tous nos vœux. Hélas ! après avoir passé toute la journée dans cette attente, voyant à tout moment nos camarades tomber d'inanition à nos côtés, nous étions obligés le soir de nous retirer, exténués de besoin, dans nos cabanes, espérant que le lendemain nous serions plus heureux. Ce manège dura ainsi pendant tout le temps qu'on nous laissa mourants de faim.

Quand nous rentrions dans nos cabanes, un spectacle, plus affligeant encore que celui qui frappait nos yeux lorsque nous allions à la dé-

couverte, nous y attendait : nous y trouvions
une infinité de nos infortunés compagnons,
que la faiblesse avait empêchés de nous suivre
sur les rochers, qui avaient succombé à l'étendue de leur maux ; d'autres, qui attendaient le
même sort, demandaient à ceux qui en revenaient si la barque arrivait ; et, la douleur dans
l'âme, les engageant à la résignation, nous tâ-
chions de leur inspirer un courage que nous
n'avions pas nous-mêmes. Dans cette terrible
perplexité, nous ne savions plus à quel saint
nous vouer ; il eût été impossible, même au
poids de l'or, de pouvoir se procurer dans notre
île le plus petit morceau de pain ; et, je ne le
dis ici qu'en frémissant, l'on avait déjà agité
l'affreuse question de savoir si l'on ne s'entre-
mangerait pas. A la honte de ceux qui con-
çurent cet infâme dessein, il se trouva parmi
eux des hommes dignes du nom de cannibales,
qui l'adoptèrent, et il fut décidé qu'on mangerait les plus gras et les mieux portants ; moi-
même je fus désigné un des premiers pour servir de pâture à mes camarades, et je n'aurais
peut-être dû mon salut, dans cette occasion,
qu'à la confidence qui m'en fût faite, sous le
sceau du silence, par une des huit femmes dont
j'ai déjà parlé, qui avait surpris le secret de

cette abominable détermination, si, heureusement pour moi, Dieu n'avait empêché que cette
horrible action s'accomplît.

Je le répète, il est difficile de se faire une
idée des souffrances que nous eûmes à endurer
pendant les neuf jours que nous restâmes ainsi
entre la mort et la vie. En effet, qu'on se représente la position de 7.000 malheureux qui restaient encore dans l'île à cette époque, et qui,
tous à la fleur de l'âge (le plus vieux n'avait
pas quarante ans), enfin presque tous conscrits
de 1808, se voyaient à la veille de terminer
leur carrière par la mort la plus affreuse.

J'ai parlé d'un âne que nous avions trouvé
en arrivant dans l'île : chacun l'aimait à cause
de son intelligence, et les services qu'il nous
avait rendus, dans un tout autre temps, auraient
été d'un grand poids dans la balance des desti-
nées ; mais, comme il fallait se résoudre à mourir ou bien à le tuer, la nécessité faisant loi, il
fut condamné à mort pour prolonger notre
existence aux dépens de la sienne. Certes, pour
la quantité de monde que nous étions, la part
de chacun ne devait pas être très forte ; aussi
décida-t-on que ce ne serait qu'à la dernière
extrémité que la sentence serait exécutée, car
l'espoir soutenait encore quelque peu notre cou-

rage ; mais bientôt l'ayant entièrement perdu, le pauvre Martin fut assommé, la distribution en fut faite, et chaque prisonnier reçut, pour sa part, trois quarts d'once, ou une once et demie pour deux, y compris les os et la peau. L'on dit souvent, quand on veut parler d'une chose coriace, qu'elle est dure comme de l'âne ; eh bien, moi, je puis assurer, pour ma part, que je le trouvai tendre comme du poulet, malgré que je lui eusse à peine donné le temps de cuire en le faisant bouillir dans l'eau et je pense que mes compagnons n'ont été ni plus difficiles ni plus délicats que moi.

Ce médiocre repas n'était bien certainement pas suffisant pour apaiser notre appétit dévorant ; aussi, peu d'instants après l'avoir fait, nous trouvâmes-nous dans la même position qu'auparavant. Tout conspirait contre les pauvres Cabrériens : la frénésie s'empara de notre esprit, notre cerveau se dérangea, et nous aurions été capables de commettre les plus épouvantables actions si les forces n'étaient généralement venues à nous manquer ; chacun, selon la différence des caractères, se livrait au plus profond abattement, ou bien à une fureur qui approchait du délire ; enfin tout fermentait en ce moment critique, et déjà l'on avait projeté de s'emparer des deux canonnières qui nous gardaient ; mais l'équipage, qui n'ignorait pas jusques où pouvait aller notre désespoir, se tenait sur ses gardes, et ce n'aurait été qu'après avoir éprouvé une grande résistance et vaincu des difficultés sans nombre, qu'on serait venu à bout d'exécuter cette entreprise.

Le lendemain du sacrifice de l'infortuné Martin, après neuf jours de l'agonie la plus terrible, nous vîmes arriver la barque aux vivres. Un criminel condamné à mort, prêt à subir sa condamnation, et qui tout à coup reçoit sa grâce, ne peut éprouver un plaisir plus vif et des sensations plus douces que les nôtres ; cette nouvelle se répandit aussitôt dans toutes les habitations, et ce fut le signal d'une joie inexprimable. Un jour plus tard, six mille Français prisonniers à Cabréra auraient cessé de vivre.

Dès que la barque fut amarrée, on distribua de suite à chacun un pain ; il y en eut qui ne l'eurent pas plus tôt reçu qu'ils le dévorèrent en un clin d'œil ; d'autres, plus raisonnables, pour prévenir les accidents qu'ils auraient eu à redouter en mangeant avec trop d'avidité un aliment que leur estomac ne pouvait supporter, vu la faiblesse résultant de la longue privation où ils avaient été, eurent la précaution de le faire bouillir et d'en faire une panade sans autre assaisonnement que du sel. Ceux-là seuls ne furent pas incommodés de leur long jeûne, tandis que beaucoup d'autres se ressentirent des effets d'une gloutonnerie bien pardonnable dans une semblable circonstance, et il y en eut beaucoup qui en moururent.

Pendant tout le temps que nous avions été privés de vivres, la fontaine qui avait été négligée se trouvait assez bien approvisionnée, ce qui fut fort heureux, car la consommation alla bien ce jour-là.

Avant d'entrer dans le détail des autres événements qui marquèrent notre séjour dans l'île de Cabréra, j'ajouterai que moi-même, en cette occasion, je fus quatre jours, sans avoir la moindre chose pour apaiser ma faim. Auteur et acteur tout à la fois, je puis parler en connaissance de cause de nos peines et de nos tourments, et ne crois pas inutile ici de faire au lecteur le récit de ce que j'ai éprouvé lors de cette dernière famine, afin de le mettre à même de juger de ce que nous avons dû tous souffrir.

Dès le second jour, depuis que la barque n'avait paru je cessai d'avoir des vivres, attendu que cela se trouvait tout justement dans un moment où j'avais épuisé toutes mes économies ;

d'ailleurs, comptant sur la prochaine distribution, je m'étais fort peu ménagé. Le quatrième jour donc, je commençai à ressentir les premières angoisses de la faim, et, n'ayant pu la satisfaire, une fièvre brûlante s'empara de moi, et, jusqu'au moment où l'on nous distribua nos subsistances, elle dirigea tellement mes idées, que je ne savais plus ce que je faisais, et je crois même que, dans l'état où je me trouvais, je n'aurais pas été maître de mes actions, quoique habituellement la seule idée d'une pareille chose m'épouvantât.

Je dois à ma bonne constitution d'avoir pu résister à tant de maux si souvent répétés ; il y en eut de moins robustes que moi qui payèrent cher, par la suite, cette fatale époque, et, parmi le nombre de ceux qui succombèrent, on pouvait remarquer la faiblesse et la langueur qui amenaient toujours une mort assez pénible, et chez d'autres individus des symptômes de rage et de convulsions si terribles, que ce n'était pas sans courir les plus grands dangers qu'on pouvait les approcher pour leur porter quelque secours.

A l'appui de ce que j'avance, je citerai l'exemple d'un malheureux, dont le camarade de lit, nommé Tancet, est encore existant, qui poussait des cris horribles pour avoir de la nourriture et voulait tout dévorer, et beaucoup d'autres faits encore qui ne pourraient qu'ajouter au tableau hideux de nos souffrances.

Ces diverses disettes devinrent la cause que presque tous les Cabrériens se séparèrent pour les vivres, les uns, comme d'habitude, voulant tout manger quelquefois en un seul repas; les autres, plus sensés, aimant mieux se priver un peu sur chaque repas pour pouvoir faire quelques économies pour le temps où ils pourraient en avoir besoin. Il arriva de là que chacun voulut avoir son pot pour le conserver et manger seul, et que les marins, chaque fois qu'ils amenaient la barque au pain, en apportaient en assez grande quantité dont ils trouvaient facilement le débit.

Toujours ce qui fait le malheur de l'un devient assez ordinairement le profit de l'autre ; c'est ce qui arriva à un de mes camarades appelé Couteau, qui s'imagina de raccommoder les pots lorsqu'ils étaient cassés ; à l'aide de ce commerce il se faisait un assez joli revenu, non pas en argent, puisque nous n'en avions pas pour ainsi dire, mais en fèves. Il en prenait cinq par attache, et j'ai vu des pots qui en avaient plus de deux cents.

La barque qui nous apportait nos vivres arrivant depuis quelque temps assez régulièrement, tous les quatres jours ils nous étaient distribués, et ceux qui furent raisonnables se rétablirent un peu des souffrances qu'ils avaient éprouvées en dernier lieu ; quant à ceux qui avaient pour habitude de consommer toutes leurs provisions en un seul jour, ils étaient réduits à en rester trois sans manger et à courir les bois, passant leur temps à la recherche des patates, se rassasiant tant bien que mal de celles qu'ils trouvaient.

L'eau, à de certains intervalles, venant à manquer, on employait toutes les ressources imaginables pour s'en procurer au moins suffisamment. Dans ces entrefaites, le gouvernement espagnol envoya à Cabréra des ouvriers pour construire un puits, dans la colline vis-à-vis la rade, un peu avant la citerne dont j'ai parlé ; mais après y avoir travaillé pendant longtemps et avoir miné dans le rocher à une profondeur de trente-cinq pieds, et avoir creusé dans une terre très argileuse, on ne put réussir à trouver une source convenable, ce qui fit qu'on abandonna ce projet, n'ayant reconnu qu'un très petit filet d'eau assez mauvaise, qui ne pouvait fournir environ qu'une vingtaine de seaux par jour.

Quelques-uns de nos prisonniers, qui s'étaient
mis à fouiller la terre, découvrirent en creusant
plusieurs pierres plates d'une assez grande cir-
conférence, sur lesquelles il y avait des inscrip-
tions qui, après les avoir déchiffrées, indiquèrent
qu'elles étaient en terre depuis environs trois
cents ans. Il est à présumer qu'elles avaient été
enfouies lorsque l'on construisit le fort. Ces
pierres, en assez grand nombre, nous furent
très utiles pour consolider nos baraques, surtout
pour les couvertures, qui commençaient déjà à
tomber en ruine.

L'on trouva aussi, sur le bord de la mer,
quelques tombes qui renfermaient, sans doute,
les restes d'individus morts dans le fort. Tout ce
qu'on peut conjecturer par les ossements qu'on
y trouva, c'est qu'elles ne pouvaient être fort
anciennes.

Dans notre malheur, nous éprouvions quelque
fois des instants de véritable satisfaction qui,
s'ils ne nous faisaient pas entièrement oublier
nos peines, venaient au moins en tempérer toute
l'amertume. Je fais cette réflexion à l'occasion
d'une surprise qui me fut on ne peut plus
agréable et que je vais rapporter. Le lecteur se
rappelle, sans doute, qu'au moment de mon
départ de Beauvais pour me rendre à Lille, je

trouvai dans une auberge, sur la route, un jeune homme appelé comme moi au service militaire, avec lequel je liai connaissance, et qui, par la suite, devint mon ami et mon frère d'armes, et qu'il se nommait Quedeville.

Depuis fort longtemps, ayant été séparés, je le croyais mort, d'après le rapport de plusieurs camarades qui m'avaient assuré qu'il avait été tué lors de la prise de Caenne, lorsqu'un jour le nommé Pillon, qui avait été son caporal, venant me trouver à la fontaine, m'annonça qu'il était arrivé parmi nous ; à cette nouvelle, malgré que ce fût une victime de plus, je ne pus contenir la joie que me faisait éprouver le plaisir que j'avais de le revoir, et, ayant tout quitté pour aller le trouver, nous nous embrassâmes étroitement. Après avoir satisfait à l'élan de notre cœur, il m'apprit que, resté seul dans le fort de Caenne, il avait été fait prisonnier et envoyé, comme tel, dans l'intérieur de l'Espagne, où après avoir éprouvé toutes sortes de mauvais traitements, en attendant l'arrivée d'environ 200 prisonniers qu'on devait diriger sur Cabréra, il avait été embarqué pour nous rejoindre.

Chacun, occupé de ses malheurs, avait perdu tout esprit de subordination à ses chefs ; tout le monde voulait trancher du maître, et les officiers avaient peine à se faire respecter. Un soldat de ma compagnie peut être cité comme ayant été un des plus mutins. L'aventure qui m'arriva avec lui en est un exemple, et si je la rapporte ici, c'est pour montrer jusqu'où peut porter le manque de discipline.

Comme chef de la compagnie, j'étais chargé du maintien de l'ordre et de la distribution des vivres ; jusqu'alors, personne ne s'était plaint de mon administration, quand celui dont je viens de parler crut devoir contrôler ma conduite et même l'improuver.

N'ayant rien à me reprocher, je lui fis un jour des observations à ce sujet, auxquelles il me répondit, que, dans la position où nous étions, il ne devait plus reconnaître de chefs, et m'étant trouvé insulté par ses raisons, je crus devoir, pour satisfaire au point d'honneur, lui demander satisfaction.

Il accepta ; et comme je connaissais la plupart des maîtres d'armes qui se trouvaient parmi nous, je me chargeai de procurer celles qui étaient nécessaires pour vider notre querelle : ces armes, du reste, étaient tout simplement de longs clous fichés au bout de morceaux de bois, et remplaçaient pour cet usage les épées et nos sabres qu'on nous avait enlevés.

Avec nos témoins réciproques nous nous rendîmes dans la vallée des Dragons, où, après avoir choisi un lieu convenable et nous être mis en garde, j'eus l'avantage de blesser mon adversaire, très légèrement à la vérité, mais assez pour que la chose en restât là ; mais ayant voulu recommencer, je crus devoir ne plus le ménager, et ayant profité d'un instant favorable, je lui passai mon épée, ou ce qui m'en servait, au travers du bras.

Cette blessure l'ayant mis hors de combat, nous nous retirâmes ; mais pendant une huitaine de jours, comme il paraissait me conserver rancune, je fus le premier à revenir, quoique tous les torts fussent de son côté, et étant allé le trouver, nous nous réconciliâmes.

Cette circonstance, qui au premier abord, semblerait devoir être de fort peu d'intérêt pour le bien général, servit cependant aux chefs, dont le courage était abattu par la misère, à reconquérir un peu de l'autorité que l'excès du malheur leur avait fait perdre, et la discipline se rétablit un peu dans l'île.

Depuis la dernière famine nous avions acquis à nos dépens la triste expérience qu'il fallait penser à l'avenir et faire des économies, afin de ne pas éprouver une disette aussi terrible

que celle dont nous avions failli être tous victimes quelque temps auparavant. Je fus du
nombre des plus raisonnables, et, économisant
à chaque distribution dix ou quinze fèves que je
choisissais parmi les plus belles, je parvins à
en amasser jusqu'à cinq cents, que je mis en
réserve pour le temps où je pourrais en avoir
besoin. Ceux qui, comme moi, étaient assez
sobres pour se restreindre sur leur appétit, et
qui ne se sentaient pas assez de force de caractère pour conserver eux-mêmes leurs économies, les donnaient à garder à des personnes
de confiance, comme l'on pourrait donner de
l'argent à un banquier, avec la seule différence
cependant que le dépôt ne rapportait aucun
intérêt. Il arrivait souvent lorsque nous avions
quelque avoir, que nous nous réunissions plusieurs ensemble, et nous faisions une bonne
régalade que nous appelions *se faire une bosse*,
c'est-à-dire que l'on mangeait au moins une
fois tout son saoul.

Malheureusement ces réserves ne servirent
pas toujours à nous réjouir ainsi que nous
aurions dû l'espérer, si l'on avait continué
à nous apporter exactement nos vivres; mais
il devait en être autrement. Les Espagnols
nous ayant laissé encore une fois huit jours

sans vivres, notre réserve nous devint d'un grand secours; quant à la mienne, elle y passa en entier dans cette circonstance, encore n'en eus-je pas assez, car le premier jour ayant mangé deux cents fèves, le second cent-cinquante, et partagé le reste en deux portions, je me trouvai forcé, jusqu'au moment où la barque arriva, de ne vivre que d'herbages et d'une espèce de ciboule que j'avais trouvée dans un endroit très reculé, ce dont je me serais contenté si j'avais pu en trouver en quantité suffisante; mais à mesure qu'il poussait quelque chose, aussitôt on le cueillait.

En définitive, la famine eut cette fois des résultats encore plus déplorables que les précédentes, et l'on fut réduit à manger des lézards. Tout le monde sait que cet animal est très vénéneux; aussi ceux qui en mangèrent en sont-ils morts, car, pour prolonger leur existence, ils n'avaient pas craint d'avaler ce poison.

Je vais ajouter à ceci un fait qui montre jusqu'à quelles extrémités peuvent se porter ceux qui ressentent les horreurs de la faim ; ce récit fait frémir, mais je dois le citer pour exemple ; heureusement que ce n'est pas un Français qui a commis l'infâme action que je vais raconter, et nous aurions presque à rougir d'avoir eu un pareil monstre parmi nous.

Un jour que nous luttions contre la mort, et qu'exténués de besoins, chacun, dans un morne silence, attendait à tout instant le terme de ses souffrances, un de nos camarades, prêt à périr d'inanition, entra par hasard dans la cabane d'un Polonais qui était aussi prisonnier. Comme personne n'avait rien à faire cuire, ses regards s'étant portés vers la cheminée, il fut très étonné d'y voir un grand feu sur lequel était une marmite qui paraissait contenir quelque chose qu'on y faisait bouillir. Ayant demandé au Polonais ce que c'était, celui-ci lui répondit avec embarras que c'était du poisson qu'il avait trouvé au bord de la mer. Le visiteur, sachant bien qu'il ne pouvait y avoir rien de mangeable, eut la curiosité de découvrir la marmite. Qu'on juge de son étonnement en y voyant de la viande fraîche, quand, depuis notre séjour à Cabréra, nous n'en avions eu que par la mort de notre pauvre âne Martin.

Étant sorti de la maison, notre camarade ne manqua pas de faire part de cette circonstance à d'autres, et bientôt le bruit s'en étant répandu dans l'île, tous ceux qui pouvaient se traîner se portèrent en foule chez le Polonais, où l'on trouva les preuves du crime le plus horrible. Je ne puis encore y penser sans que mes cheveux se dressent : ce malheureux avait égorgé son camarade de lit, que l'on trouva mort derrière la cabane, et c'était son cœur et son foie qu'il faisait bouillir. Glacés d'épouvante, tous ceux qui se trouvaient présents se hâtèrent de fuir le théâtre d'un semblable forfait ; il semblait qu'en respirant le même air qu'un pareil scélérat, l'on se rendait complice de son crime.

Comme il fallait que le coupable fût puni, dans un premier mouvement d'indignation on voulait le massacrer de suite; mais réfléchissant qu'il ne nous appartenait pas de nous faire justice nous-mêmes, on décida qu'il serait arrêté et mis en dépôt sur la canonnière, en attendant qu'on pût le livrer aux autorités mayorquaises pour le faire juger, ce qui fut exécuté aussitôt; mais pour plus de sûreté, on arrêta ensuite qu'on l'enfermerait dans une petite grotte qui se trouvait au bord de la mer, près de la cambuse, et il y resta douze jours, les mains attachées sous les jarrets. Du reste, il inspirait un tel mépris, que lorsqu'on lui portait sa nourriture, on la lui jetait comme à un chien ; et si on l'approchait, ce n'était que pour le bourrer à coups de pieds et l'accabler des plus justes reproches.

Un officier, le commandant Balthazar, avait laissé le misérable Polonais à notre disposition ; mais, comme je viens de le dire, nous ne voulions pas que son crime, digne des Caraïbes, reçut sa punition par nos mains, et nous avions écrit à cet effet à Palma, espérant nous dégager ainsi de souiller nos mains dans le sang de ce misérable.

Quelques jours après, on envoya dans l'île quatre soldats, avec l'ordre de fusiller le Polonais en présence de tous les prisonniers ; tout le monde s'étant rassemblé au lieu du supplice, on amena le condamné, qui ne paraissait nullement affecté du sort qui lui était réservé ; il demanda même, auparavant de mourir, qu'on lui donnât à manger à sa faim, et le commandant lui ayant accordé l'objet de sa demande, on lui apporta huit cents fèves, un pain et une bouteille de vin. Quand il eut fini, ce qui ne fut pas long, il dit : *Ma foi, je m'en moque ; je meurs content et le ventre plein.* Après quoi, se levant avec assurance, les soldats s'emparèrent de lui, et deux minutes après il avait cessé d'exister.

Les Espagnols, ayant sans doute besoin de

troupes, s'imaginèrent de venir recruter chez nous, et pour cela ils s'adressaient aux étrangers, c'est-à-dire aux Allemands, Italiens, etc. ; quant aux Français, ils n'en voulurent d'abord pas, mais à la fin ils consentirent à en prendre quelques-uns qui étaient de pauvres diables que l'envie d'un meilleur sort décidait à prendre ce parti. Plus tard, les Espagnols revinrent à la charge ; alors la misère était si grande, que tout le monde se présenta en masse, et il était curieux de voir des hommes entièrement nus, et ressemblant à des squelettes, demander à prendre du service chez un peuple ennemi pour tâcher de fuir un séjour de captivité, où la mort se présentait à chaque instant sous l'aspect le plus hideux. Voilà à quoi nous étions réduits, malgré toute la haine que nous portions aux Espagnols.

DEUXIÈME PARTIE

I

J'ai dit précédemment que les Espagnols venaient recruter des soldats dans notre île; un nommé Camus, qui était Français et savait l'allemand, avait pris du service chez eux; s'étant imaginé qu'une fois en Espagne il aurait les facilités de gagner les frontières et de rentrer en France, il déserta avec un autre appelé Delorgère, mais ils furent repris, et, pour toute punition, on les ramena à Cabréra; et bientôt, ayant de nouveau trouvé l'occasion de s'engager une seconde fois, il déserta encore, mais, cette fois, après avoir reçu une correction de cent vingt coups de bâton, il fut condamné à reprendre ses anciens fers.

Si nous avions à éprouver de grandes privations par la petite quantité de vivres qu'on nous distribuait, combien ceux qui avaient trop grand appétit, ne devaient-ils pas souffrir; je citerai ici l'exemple d'un nommé Lajeunesse qui était canonnier : cet infortuné, âgé de vingt-un ans, était d'une taille bien au-dessus de celle ordinaire, car il avait six pieds deux pouces, et était tellement proportionné dans sa taille gigantesque, qu'on pouvait le considérer comme le plus bel homme de l'armée. Malheureusement pour lui, ses besoins répondaient à sa haute stature, et toujours, au régiment, on lui avait accordé un supplément de vivres ; mais, à Cabréra, malgré qu'on ait obtenu, à force de sollicitations, auprès des Espagnols, qu'on lui donnerait double ration, cela ne lui suffisait pas, et, après avoir essuyé, comme nous, toutes les horreurs de la faim, les principes vitaux s'étant peu à peu éteints chez lui, il mourut à l'âge de vingt-trois ans. Il ne fallait rien moins que six livres de pain à ce malheureux pour un repas; ainsi l'on peut juger s'il pût jamais satisfaire son appétit, puisque l'on sait que nous n'en recevions chaque jour que dix-huit onces.

Quoique nous sentions bien jusqu'à quel point de dépravation le besoin peut porter l'homme qui n'a pas assez de force de caractère pour résister aux sentiments impérieux qui le poussent vers le crime, nous punissions ceux qui commettaient quelque faute peut-être avec trop de sévérité; mais il fallait, par des exemples capables d'effrayer, inspirer à ceux qui auraient eu envie d'en commettre, la crainte d'un châtiment redoutable. Nous convînmes donc que, quand un de nous aurait volé ses camarades et qu'il serait pris en flagrant délit, il recevrait une forte correction de coups de bâtons pour la première fois; s'il recommençait, on lui coupait le bout de l'oreille, et, en cas de récidive, l'extrémité de l'autre.

J'ai vu un soldat prisonnier, dont je pourrais dire le nom si je ne craignais de nuire à la réputation de sa famille, qui, après avoir subi toutes ces punitions pour avoir volé, fut pris pour la dixième fois sur le fait. Comme nos lois ne portaient pas de peine pour un semblable délit, il fut résolu qu'on lui administrerait une correction proportionnée à sa faute; mais ce malheureux, pendant l'horreur de son supplice, ayant répondu, lorsqu'on lui demanda s'il volerait encore, qu'il était prêt à recommencer, un prisonnier, emporté sans doute par un mouvement d'indignation, saisit un quartier de rocher, et, le lui ayant lancé avec force, lui écrasa la tête.

Un autre soldat du quatorzième régiment de ligne fut puni d'une manière presque aussi cruelle pour les mêmes faits : il fut précipité du haut d'un rocher dans la mer.

Comme nous avions journellement à redouter de nous voir dérober nos vivres que nous mettions en réserve, et que nous n'avions pas de serrures pour fermer les portes de nos maisons, je ne crois pas utile de faire mention ici des ruses que nous employions pour les mettre à l'abri des larcins ; je me bornerai seulement à rapporter un fait qui prouve que tout était bon pour nos voleurs : Quatre prisonniers qui vivaient en commun et ménageaient leurs provisions autant que possible, suspendaient ce qu'ils pouvaient économiser dans un panier attaché au plancher ; un jour, un de ceux qui avaient pour habitude de considérer le bien d'autrui, comme le leur propre, se doutant bien de ce que contenait le panier, conçut le projet de se l'approprier, mais il ignorait que les quatre propriétaires, qui ne se souciaient pas de le voir passer en mains tierces, y avaient attaché une corde qui correspondait à leur lit, et que chacun, à tour de rôle, s'attachait cette corde à la jambe, afin d'être averti du danger qu'aurait pu courir leurs vivres. Ayant pénétré dans la maison sans avoir fait de bruit, déjà il était parvenu à le décrocher, mais, pressé de

jouir du fruit de sa coupable action, il s'apprêtait à fuir, quand celui qui se trouvait de garde,
cette fois-là, se sentant tout à coup tiré par la
jambe, n'eut pas de peine à se convaincre que
le panier allait changer de maître, s'il ne s'em-
pressait d'y mettre ordre ; aussitôt il se mit à
crier au voleur : celui-ci, effrayé, s'enfuit à
toutes jambes ; et comme dans sa course préci-
pitée il passait par mon jardin, je voulus l'arrêter, et l'ayant saisi par son pantalon, il m'échappa
en m'en laissant un morceau dans la main. Ce
qu'il y a d'assez curieux, c'est qu'on ne connut
jamais le coupable.

Vers ce temps, un brick anglais étant venu
relâcher dans le port, nous nous rendîmes à
bord pour y vendre aux marins quelques-uns
des ouvrages que nous avions confectionnés, et
qui consistaient en couverts de buis, chapeaux
de paille et autres objets. Tout en faisant notre
commerce avec eux, nous leur racontâmes qu'il
y avait dans l'île une chèvre d'une grosseur
monstrueuse que nous n'avions jamais pu attraper, faute d'armes à feu, et qu'il nous était impossible, n'ayant pas de fusils, de l'atteindre
dans les endroits où elle se réfugiait.

Ce récit piqua la curiosité des gens de l'équipage ; ils résolurent d'aller lui donner la chasse,

et, s'étant fait accompagner d'une vingtaine de prisonniers, ils se rendirent dans l'endroit où l'on avait l'habitude de voir la chèvre. Ce ne fut cependant qu'après avoir fait une battue générale qu'on parvint à découvrir sa retraite : cernée de toutes parts, un des chasseurs l'ajusta et la tua.

Cette chèvre était si grosse, que, quand elle fut à terre, quatre hommes très robustes purent à peine suffire pour la porter au brick, où l'on récompensa tous ceux qui avaient participé à cette chasse, en leur donnant à chacun environ un franc de France, qui, dans l'état où l'on se trouvait généralement, était une fortune.

Nous eûmes encore un autre avantage dans cette occasion, ce fut de découvrir une espèce de chats sauvages, que l'on parvint à prendre à l'aide de collets : cet animal, de la grosseur de nos chats domestiques, avait une viande qui nous sembla fort bonne, peut-être à cause du peu de dégoût que nous éprouvions pour tout ce qui pouvait se manger et augmenter notre ordinaire.

Puisque je suis en train de parler de ce que l'on découvrait dans l'île, je dois faire mention, en cet endroit d'une plante marine, de couleur verte, composée de filaments longs à peu près comme le doigt, que quelques-uns de mes camarades découvrirent en se baignant ; cette plante, qu'on appelait ortille, ressemblait assez, quand elle était bouillie, à de l'oseille cuite, mais le goût en était bien différent, et aussitôt qu'on en avait mangé cinq à six cuillerées, on était forcé d'y renoncer, quoiqu'en commençant ce mets parût délicieux.

Nous trouvâmes aussi une espèce de coquillage, assez généralement connu, pour qu'il ne soit pas nécessaire de le nommer, et ce n'était qu'avec beaucoup de peine que l'on parvenait à le détacher de dessus les rochers. Si on le manquait une fois, l'on aurait plutôt cassé le couteau ou le clou dont on était obligé de se servir que de pouvoir l'arracher.

La mer, dans nos moments de détresse, nous fournissait quelquefois de quoi apaiser notre faim, mais, quelquefois aussi, ce que nous y trouvions était loin de répondre à notre attente ; témoin, un poisson que nos soldats trouvèrent en se baignant dans la mer, et dont je ne puis traduire en français le nom que nous lui donnâmes. Je ne sais, du reste, si les naturalistes ont fait la description de ce poisson, et, dans l'incertitude où j'en suis, je vais tâcher, tant bien que mal, de la faire.

D'abord, je dirai qu'il était assez ordinairement de la grosseur du bras et long à peu près de cinq ou six pouces; quant à sa couleur, elle tirait beaucoup sur le noir, et sa dureté était étonnante. Ce n'était que dans les rochers et avce une peine inconcevable qu'on parvenait à en prendre, car il fallait faire la plus grande attention à soi pour ne pas se blesser les pieds sur les cailloux tranchants qui couvraient ces endroits.

Dès que l'on en eut trouvé un, on fonda sur cette découverte les plus grandes espérancec; mais, comme, je viens de le dire, le résultat fut loin de répondre à notre attente : ce poisson était si dur, qu'il résistait à l'action de la plus longue cuisson, et j'en ai vu qui, après avoir bouilli l'espace de plus de trois heures, étaient tout aussi peu cuits qu'au moment où on le retirait de l'eau. Cela n'empêcha pas, cependant, que l'on en mangea, mais pour cela il ne fallait pas être pressé ; car, avant d'en avaler une bouchée, on était obligé de la mâcher au moins deux heures, ce qui fit que jamais il ne donna d'indigestion. Quant à son goût, on ne peut pas dire qu'il était mauvais, car il ne sentait absolument rien.

Ayant déjà fait le triste tableau des disettes

que nous avions éprouvées, je n'entrerai pas
dans le détail des tourments que nous eûmes
encore à endurer pendant huit jours que nous
restâmes sans vivres ; tout ce que l'on peut
s'imaginer de plus triste n'est encore rien en
comparaison de nos souffrances.

Je dis donc que nous restâmes huit jours
sans vivres ; enfin la barque étant arrivée, le
patron qui la commandait fut fort étonné de
ne point trouver celle qui aurait dû y arriver
quatre jours auparavant, puisqu'on l'avait en-
voyée de Mayorque. D'abord on ne sut à quoi
attribuer cela ; mais plus tard, nous apprîmes
qu'elle avait été capturée par un corsaire
français ; ainsi, ce furent nos compatriotes qui,
cette fois, devinrent cause qu'il y en eut de
nous qui périrent faute d'aliments.

Il ne faut, dans cette circonstance, accuser
que celui qui commandait la barque, car deux
jours après elle arriva dans le port ; mais malheureusement les vivres qu'elle contenait,
depuis le temps qu'elles étaient embarquées,
s'étaient corrompues, et il eût évité cela, s'il
avait déclaré plus tôt au capitaine du corsaire
que les vivres qu'elle portait étaient destinés à
de malheureux prisonniers français.

Les nombreuses privations qu'on nous faisait

subir n'étaient guère propres à relever notre courage : aussi y en eut-il qui se laissaient aller au plus affreux désespoir, d'autres s'abrutissaient dans la misère, et le nombre des voleurs devint si effrayant, qu'il fallut se résoudre à prendre des mesures sévères pour se mettre à l'abri de leurs rapines : à cet effet, l'on choisit un renfoncement qui se trouvait près de la cambuse, au bord de la mer ; après l'avoir muré, l'on enferma les uns et les autres dans cette espèce de prison ; une fois qu'ils y étaient, on ne les laisait plus sortir que deux à la fois, encore fallait-il qu'il obtinssent une permission que l'on n'accordait que très difficilement.

Le but qu'on s'était proposé en agissant ainsi, quoique sévère, était louable en lui-même, car l'on avait en vue de forcer les plus indolents à s'occuper un peu plus de ce qui pouvait les distraire, c'est-à-dire, de leur faire la cuisine, et de ne manger que petit à petit leurs vivres qu'ils dévoraient auparavant en un seul jour, et restaient ensuite, pendant les trois autres, et quelquefois plus, dans un état qui les rapprochait de la brute la moins intelligente ; ensuite on avait pris ce parti pour les voleurs, qui, obligés de partager leurs rations par portions égales, n'étaient plus, comme auparavant, contraints à piller quand ils n'avaient plus rien à manger. On appelait ces malheureux *Tartares*, à cause de l'horrible figure qu'ils avaient par suite de la misère, et de la malpropreté dans laquelle ils étaient plongés.

Si la misère se faisait souvent sentir pour les vivres, il en était de même pour l'eau. Quelquefois il arrivait que, pour en avoir, ils m'offraient des quarts ou des moitiés de pains ; d'autres venaient me supplier de leur en donner. Malgré que mon cœur saignât de les refuser, mon devoir m'imposait la triste loi d'être parfois inhumain, car l'on se rappelle que l'ordre portait qu'une fois la fontaine fermée, je ne devais la rouvrir qu'aux heures déterminées pour les distributions ; cependant, me relâchant quelquefois de ma consigne, au risque de perdre mon emploi, je me laissais attendrir, et, ne voulant pas accepter ce qu'ils m'offraient, je leur ouvrais la fontaine.

Il faut que j'aie été dénoncé, car, quelque temps après, le commandant Balthazar m'ayant fait appeler devant lui m'adressa les plus violents reproches ; mais lui ayant dit qu'il m'était impossible de supporter la vue des tourments de mes semblables, sans en être ému, et de leur refuser à boire lorsque je les voyais se rouler et se débattre à terre en demandant à grands cris un verre d'eau pour leur sauver la vie, ayant terminé en le priant de me dire ce qu'il aurait fait à ma place, il se contenta de hausser les épaules et me renvoya.

Je fus fort heureux que cela se terminât de la sorte, car je craignais beaucoup de perdre ma place de gardien de la fontaine, qui, si elle n'était pas avantageuse sous un certain rapport, me donnait au moins les moyens de ne jamais manquer d'eau.

Il ne m'était pas très facile d'ouvrir et de fermer la fontaine aux heures fixes, n'ayant ni horloge ni montre, et bien souvent les Cabré-riens me tourmentaient bien auparavant le temps pour que je leur livrasse l'entrée. Pour remédier aux inconvénients qui résultaient de cet ordre de choses, je m'imaginai de faire un méridien sur la voûte même de la fontaine, et alors il n'y avait plus à entrer avant l'heure.

J'observerai que, bien souvent, pour ne pas laisser languir trop longtemps ces pauvres diables, je devançais un peu le moment de la distribution; car il y en avait parmi eux qui attendaient quelquefois trois jours pour avoir un seau d'eau, et d'autres qui, pour avoir les premières places, venaient pendant la nuit mettre des gages le plus près de la porte qu'ils pouvaient ; enfin, ils employaient toutes sortes de ruses pour passer les uns avant les autres et avancer leur tour.

Si j'avais commis quelques fraudes dans ma place de gardien de la fontaine, ou bien que j'eussse vendu l'eau comme j'en eus maintes fois l'occasion, il n'y a pas de doute que j'aurais encouru les mêmes disgrâces que deux cambusiers qui s'approprièrent plusieurs rations, et qui, pour ce fait, avaient été chassés de leur emploi et obligés de se cacher pendant quelque temps, car chaque fois qu'on les voyait passer à travers le camp, c'était à qui crierait : *A la mer, les cambusiers, à la mer !* Je ne nomme pas les coupables, par ménagement et discrétion ; mais, dans la position où nous nous trouvions, c'était une faute impardonnable et qu'ils devront se reprocher toute leur vie. J'aime à croire, cependant, qu'ils auront senti depuis toute l'étendue de leur crime et cherché à l'expier par un sincère repentir.

J'ai à raconter un nouveau projet d'évasion qui fut concerté par quinze de nos camarades, ce qui donnera une idée de la patience et du courage qu'ont de certains hommes dans l'adversité, surtout quand il s'agit de leur liberté ; je puis en parler en connaissance de cause, car je devais être de la partie et avais été initié dans le projet par un nommé Bricard, qui se trouvait être de mon pays ; mais comme, en ma qualité de gardien de la fontaine, je ne pouvais pas m'absenter pendant le jour sans éveiller les soupçons, la nuit n'était pas convenable pour travailler à la charpente de la barque qu'ils construisaient.

Je viens de dire que nous étions quinze qui devions nous échapper ; c'était Bricard qui était à la tête du complot. Étant charpentier de son état, lui et trois ou quatre autres fabriquèrent la barque avec des bois de sapin qu'ils avaient coupés dans les forêts ; mais quand le moment arriva de mettre leur projet à exécution, je ne pus me trouver au rendez-vous, ce qui ne me fit éprouver aucun regret, car ils échouèrent, n'ayant pu se procurer une assez grande quantité de goudron pour en enduire suffisamment leur barque. Néanmoins, ils se mirent en route avec les provisions qu'ils avaient amassées pour faire leur voyage. Quatre marins de la garde qui étaient avec eux avaient calculé que, par le temps qu'il faisait et qui était très favorable, ils pouvaient gagner le continent et rejoindre l'armée française qui était en Espagne, en deux ou trois jours

Dans ces sortes d'expéditions, on avait toujours soin de s'associer quelques marins, attendu que ceux-ci, connaissant la marche des astres, pouvaient mieux que tous autres diriger les frêles embarcations dont on se servait pour fuir l'esclavage. J'avoue, malgré tout, qu'il fallait ne pas manquer de courage pour se risquer avec d'aussi faibles moyens de salut sur un élément aussi perfide ; car, quoique bien faite, la barque que montaient nos camarades en cette circonstance n'étant pas goudronnée, ils n'eurent pas fait une lieue en mer qu'ils s'aperçurent qu'elle faisait eau de tous cotés, ce qui obligea ces pauvres malheureux à revenir sur Cabréra.

Sans cette sage résolution, ils eussent infailliblement tous péri, et ne pouvant, pour le moment, faire à leur barque ce qu'il fallait pour se mettre en route en toute sûreté, ils furent contraints de la couler à fond.

Après ce fâcheux résultat, Bricard, qui était assez adroit, voyant que pour le moment il n'y avait pas moyen de sortir de Cabréra, chercha par toutes sortes de prévenances à se mettre bien dans l'esprit de notre aumônier ; y étant parvenu, et celui-ci s'étant intéressé à lui, il le fit entrer en qualité de domestique chez le commandant Balthazar ; il y resta jusqu'à la fin de sa captivité, et eut l'avantage au moins d'avoir une meilleure nourriture qu'auparavant et de pouvoir manger son content.

C'est ici le cas de rapporter une anecdote tant soit peu scandaleuse qui arriva à la femme du commandant Balthazar quelque temps après l'entrée de Bricard chez lui.

C'était une petite femme brune, assez jolie, extrêmement sensible, et qui avait beaucoup de compassion pour les pauvres prisonniers; sa sensibilité alla même jusqu'à devenir amoureuse d'un canonnier, très joli garçon, qui avait trouvé, par la connaissance de Bricard, le moyen de s'insinuer dans les bonnes grâces de madame la commandante, et de lui faire la cour; car la chronique scandaleuse de l'île va jusqu'à dire qu'il fut trouvé presque en flagrant délit avec la sensible épouse du signor Balthazar par ce dernier, lequel, dans sa fureur, voulait les tuer tous deux, ce qu'il aurait fait sans l'intervention de Bricard et de son sécrétaire, qui était un nommé Renaud. Le beau canonnier n'étant pas charmé d'essuyer les effets de la colère de l'époux outragé, profita d'un instant favorable, et s'enfuit à toutes jambes, laissant la gentille Espagnole expliquer, comme elle l'entendrait, la situation tant soit peu

équivoque où son mari l'avait trouvée. Il est à
croire que tout se passa bien, car, après avoir
envoyé sa coupable épouse passer quelque
temps à Palma, il la rappela auprès de lui.
Il n'y eut que le canonnier qui n'osait plus
retourner dans la maison, car il aurait couru
risque d'avoir un membre abattu, du moins
d'après la menace que lui en fit le señor
Balthasar.

Cinq Cabrériens, du nombre de ceux qui habituellement ne s'occupaient que de recherches,
virent un jour, sur les rochers qui bordaient la
mer, une balle de coton que les vagues y
avaient sans doute amenée à la suite du nau-
frage de quelque bâtiment marchand ; ils se
dirigèrent avec beaucoup de peine vers ce lieu :
après avoir travaillé avec courage, ils parvinrent
à la pousser sur le rivage, et se trouvèrent possesseurs de neuf cents livres de coton, dont deux
cent-cinquante à peu près n'avaient pas été ava-
riées par l'eau de la mer.

Puisque j'en suis sur les trouvailles, je vais
en rapporter une autre que firent trois prisonniers qui se promenaient sur le bord de la
mer : ils aperçurent quelque chose qui flottait
sur l'eau ; mais l'éloignement ne permettant
pas de distingner ce que ce pouvait être, ils se

mirent à la nage, et après avoir fait au moins une demi-lieue en mer, il se trouva que c'était un tonneau qu'ils poussèrent devant eux jusqu'à Cabréra, où, l'ayant mis à terre, ils le défoncèrent et trouvèrent que c'était d'excellent vin d'Espagne.

Cependant, quelle que fût leur joie, elle ne les rendit pas imprudents; et, comme il était absolument impossible qu'ils amenassent leur tonneau jusque dans leurs cabanes, il y en eut un qui resta à le garder tandis que les deux autres allèrent y chercher des seaux, des gamelles, enfin tout ce qu'ils purent trouver de convenable pour opérer le transport de leur précieuse liqueur; mais voyant qu'ils n'en viendraient jamais à bout s'ils n'avaient recours à quelques-uns de nos camarades, ils s'en adjoignirent plusieurs qui ne demandèrent pas mieux que de les aider dans cette occasion, car ils furent payés de leurs peines en participant à la distribution.

Comme ils ne gardèrent pas tout pour eux seuls, on put faire des échanges, et, comme je me trouvais en ce moment avoir un fond de réserve, j'acquis, moyennant cent cinquante fèves à peu près, la valeur de trois bouteilles de ce vin, ce qui servit un peu à me fortifier et à me rétablir d'une légère indisposition que j'avais eue.

D'autres trouvèrent encore au bord de la mer un énorme bœuf marin, mais ils ne furent pas aussi heureux que leurs camarades ; car il était tellement corrompu, qu'on ne pouvait en manger un seul morceau.

Je vais revenir encore une fois sur les malheureux que nous avions surnommés *les Tartares*, et ce, afin de montrer jusqu'où peut pousser la misère. Peut-être aura-t-on peine à croire ce que je vais rapporter, car moi-même je ne pourrais me le persuader si je n'en avais été témoin : l'on nous avait donné des féverolles et des pois, qui, après les avoir fait cuire étaient si durs, que l'on ne pouvait les digérer ; eh bien ! le croira-t-on ? il y eut de ses malheureux qui les remangèrent une seconde fois.

Nous en étions réduits à ces extrémités quand un bâtiment français, commandé par un nommé Morel, qui avait été avec nous, et qui était parvenu à s'échapper[1] avec onze autres prisonniers, en s'appropriant la chaloupe d'une frégate sous les yeux mêmes de la sentinelle qui, ayant entendu du bruit, se mit à crier *alerta !* mais il

---

1. Ce nommé Morel est maintenant à Courbevoie 1822.

n'était plus temps, l'on coupait le câble, et la chaloupe eut bientôt disparu ; se ressouvenant de ses anciens camarades vint aborder au milieu de la nuit dans l'île du côté opposé à la rade, afin d'éviter les regards des canonnières, et emmena avec lui soixante-dix prisonniers.

Lorsque le matin cette nouvelle fut connue, elle causa une joie extrême, et, rallumant dans nos cœurs l'espoir et l'envie de nous soustraire aux fers des Espagnols et de revoir notre patrie, moi et seize de mes meilleurs amis, nous fîmes le projet de nous évader à la première occasion : pour cet effet, nous jetâmes nos vues sur les barques de pêcheurs, ceux-ci, malgré la défense que j'ai rapportée dans le volume précédent, venant de temps à autre aux environs de Cabréra.

Nous avions remarqué que la nuit ils se mettaient à l'abri dans un endroit sur la gauche de Cabréra, du côté de l'île des Lapins ; mais il y avait une difficulté à vaincre, qui n'était pas sans danger, et qui aurait peut-être été un obstacle insurmontable pour tous autres que nous. Soit méfiance, soit la crainte d'être pris par les soldats qui appartenaient aux canonnières, les patrons de ces barques n'abordaient au rivage qu'à une distance d'environ douze ou quinze pieds, et il s'agissait de s'en emparer d'une, et de l'attirer assez promptement au rivage, pour pouvoir s'en rendre maître sans donner l'éveil. A cet effet, voici le moyen que nous employâmes : après avoir fabriqué des cordages assez longs, nous mîmes à un des bouts des morceaux de chaînes d'environ trois pieds, auxquels se trouvaient attachés des crochets de fer, afin que, si les Espagnols venaient à s'apercevoir de notre dessein au moment où nous viendrions à l'exécuter, ils ne pussent pas déranger et faire manquer nos projets en coupant les cordes.

Le moment tant désiré de tenter de recouvrer notre liberté n'arrivait pas vite, car nous attendîmes cinq mois consécutifs ; mais enfin s'étant présenté, nous crûmes devoir en profiter.

Comme tout ce qui nous était nécessaire était préparé de longue main, et que nous n'avions pas un lourd bagage à transporter, nous fûmes bientôt prêts. Ayant jeté notre grappin sur une barque, malgré les efforts des pêcheurs, qui étaient au nombre de quatre, y compris le patron, nous amenâmes la barque à bord : ayant aussitôt monté dedans, nous nous rendîmes maîtres d'eux, non pas sans peine, car ils criaient de manière à nous faire craindre que leurs cris, venant à être entendus de ceux qui veillaient sur les canonnières, ne nous fissent découvrir ; mais il semblait que la Providence nous protégeait, et nous eûmes le bonheur de gagner au large sans aucun autre empêchement.

Nous étions déjà assez loin en mer lorsqu'un de nos camarades, qui heureusement savait fort bien nager, tomba à la mer, ce qui empêcha que cet accident n'eût de suites fâcheuses tant pour lui que pour nous, car nous n'avions pas de temps à perdre, et notre sûreté personnelle aurait exigé que nous l'abandonnassions : après l'avoir aidé à remonter dans la barque, nous voguâmes vers Mayorque, espérant dire un éternel adieu à Cabréra et à l'affreuse misère que nous y laissions.

Comme notre intention était de nous débarrasser sur les côtes de Mayorque des quatre pêcheurs, lorsque nous y abordâmes, nous voulûmes les y déposer ; mais le maître de la barque se refusa obstinément à descendre à terre : un de nous, impatienté des injures grossières qu'il ne cessait de nous adresser en espagnol, et étant persuadé qu'il ne pouvait périr étant très près du rivage, le culbuta à la mer, d'où force lui fut d'aller rejoindre ses camarades que nous y avions déjà déposés.

Cette affaire faite, nous nous remîmes en route à la garde de Dieu, comptant beaucoup, du reste, sur deux marins qui étaient avec nous, qui nous dirigèrent sur Tarragone, où nous espérions trouver des Français.

Outre les vivres que nous avions emportés de Cabréra, et qui consistaient en biscuit, etc., dont nous pouvions avoir pour à peu près trois jours, nous trouvâmes quelques provisions dans la barque, ce qui nous mettait dans le cas d'atteindre, sans inquiétude de ce côté, le but de notre course; mais le second jour de marche, le temps étant venu à changer, nous eûmes à essuyer une tempête affreuse : les vagues à tout moment nous couvraient d'eau, et il y en avait deux des nôtres qui n'étaient occupés qu'à la vider, tandis que le reste ramait de toutes ses forces en louvoyant, car, pour comble de malheur, nous avions le vent contraire, ce qui nous retardait beaucoup. Outre cela, nous aperçûmes deux bâtiments, ce qui nous donnait de l'inquiétude; mais comme ils étaient trop éloignés pour nous apercevoir, les vagues ne le permettant pas, malgré tout, nous prîmes le parti de les éviter, ne sachant s'ils étaient amis ou ennemis.

Le troisième jour, nous n'aperçûmes plus rien; la mer était toujours houleuse et le vent contraire, ce qui ne nous permettait pas de prendre un instant de repos, car nous combattions une mort certaine, soit à ramer, à louvoyer on à vider sans cesse notre frêle barque. Nos provisions touchaient à leur fin; le peu qui nous restait était couvert par l'eau de la mer qui entrait dans notre barque, et deux de nos camarades s'en trouvaient très mal.

Le quatrième jour, la mer devint plus calme, et nous aperçûmes dans le lointain un long trait noir, ce qui nous fit juger que c'était la terre; nous ne nous trompions pas : l'espoir revint dans nos cœurs, nous nous abandonnâmes à la joie la plus vive, et nous redoublâmes de courage. Mais, hélas! nous étions encore loin d'atteindre notre but : les souffrances et la fatigue avaient totalement épuisé nos forces, et la faim commençait à nous tourmenter horriblement; il n'y avait qu'un miracle qui pût nous tirer de là. Nous apercevions toujours la terre, mais il fallait y arriver; malgré les beaux discours, les belles phrases que nous fîmes, pour ranimer le courage abattu de nos camarades, plusieurs d'entre nous s'abandonnèrent au plus violent désespoir.

Enfin, le soir du cinquième jour, après avoir passé cet intervalle dans les plus grandes souffrances, tant de besoin que de fatigue, comme nous approchions du point tant désiré, sur les onze heures du soir, à la vue de Tarragone, notre barque alla donner droit sur une goélette espagnole qui nous cria : *Qui vive!* Ayant répondu : *Prisonniers français!* elle avança sur nous ; et, comme nous n'avions pas d'armes, nous ne pouvions opposer aucune défense, surtout exténués de faim et de fatigue comme nous l'étions : le seul parti qui nous restât à prendre était de nous rendre et de retomber, après cinq jours de peine et de travaux, au pouvoir de nos ennemis, qui nous conduisirent dans un petit port où nous aperçûmes quelques maisons, mais que je ne puis désigner, attendu que la nuit nous empêcha de le reconnaître.

Après nous avoir donné de quoi ranimer nos forces, ils nous apprirent qu'il n'y avait plus de Français en Espagne ; cette nouvelle, comme on le pense bien, n'était pas faite pour nous satisfaire, puisqu'elle nous enlevait tout espoir, en supposant que nous parvinssions à nous échapper de leurs mains, de rejoindre nos frères ainsi que nous en avions l'intention.

Ayant remis à la voile à quatre heures du

matin pour nous conduire à Mayorque, où nous arrivâmes dans la nuit, le commandant de la goélette alla prévenir le gouverneur qu'il ramenait des prisonniers évadés de Cabréra : celui-ci, ayant déjà été instruit par les pêcheurs, lui répondit que *quand un oiseau était en cage, et qu'il trouvait la porte ouverte, il faisait bien de s'échapper ;* et il avait réprimandé sévèrement et mis à l'amende les pêcheurs pour avoir enfreint ses ordres, en allant aux environs de Cabréra. Néanmoins, il décida que nous y serions renvoyés par la barque aux vivres qui devait partir dans deux jours, et, en attendant on nous conduisit dans une caserne qui était située au bord de la mer, sur la hauteur de la ville de Palma.

Cela ne nous arrangeait que tout juste ; c'est pourquoi un nommé André et moi, nous étant concertés, nous avisâmes aux moyens de nous évader, car il y avait de bonnes raisons pour cela : d'abord nous avions à redouter un châtiment très sévère, ensuite moi je devais considérer ma place de gardien de la fontaine comme perdue ; et, comme elle avait été ma seule ressource pendant ma captivité, je prévoyais le sort qui m'attendait ; en outre, avant mon départ, je devais cinq ou six pains, et je ne voyais pas comment je pourrais les rendre, à moins que je ne me fisse de grandes privations pour m'acquitter.

Mon camarade André n'était pas dans une position plus belle, et peut-être la sienne était-elle encore plus critique que la mienne, ayant emporté, à peu près, 80 francs qu'il avait reçus pour le compte d'un cantinier espagnol chez lequel il était employé, et il était bien certain, non seulement de ne pas ravoir sa place, mais il avait à craindre d'être victime de la colère de son patron.

Toutes ces circonstances, comme l'on voit, n'étaient guère propres à nous donner l'envie de reprendre le chemin de Cabréra ; aussi, après avoir bien réfléchi, nous pensâmes que mourir pour mourir, autant valait-il risquer sa vie pour se sauver, et notre parti fut bientôt pris là-dessus.

Nous avions déjà remarqué un mur d'une quinzaine de pieds que nous jugeâmes devoir donner sur le bord de la mer, et qu'il était possible qu'il fût adossé à quelques rochers, et, par conséquent, pas si haut en dehors qu'en dedans. Comme il était délabré en plusieurs endroits, ce qui donnait des facilités pour effectuer notre évasion, nous résolûmes de la tenter la nuit suivante, qui était celle qui devait précéder le jour du départ de la barque. Ce qui fut dit fut fait. André ayant escaladé avec beaucoup de peine le mur en question, je le suivis, et, quand nous fûmes en haut, nous cherchâmes à apercevoir la distance que nous avions à franchir de l'autre côté ; mais, comme la nuit était très noire, il nous fut impossible de rien distinguer.

Nous étions fort embarrassés, car nous avions à craindre, à tout moment, d'être découverts ; ensuite nous ignorions quel espace nous avions à parcourir, et il se pouvait faire que nous en ayons un immense ; enfin, périr pour périr, nous nous décidâmes à faire le saut, au risque de nous rompre le cou ou d'aller nous écraser sur quelque rocher que nous croyions qu'il ne pouvait manquer d'y avoir là.

A tout hasard, André s'élança sans se faire aucun mal, et, m'ayant appelé tout doucement, je l'imitai et fus aussi heureux que lui, car je tombai sans qu'il m'arrivât rien de fâcheux.

Après nous être remis un peu de la secousse que nous avions éprouvée, notre premier devoir fut de rendre grâces à Dieu de ce qu'il nous avait protégés dans cette occasion ; ensuite nous nous dirigeâmes vers un sentier qui conduisait à un moulin, ce qui nous fit changer de direction, et, en ayant pris un autre qui allait à la côte, nous aperçûmes une barque qui avait l'air de venir droit à nous, autant que nous en pûmes juger par la lumière qui y était; nous avançâmes de plus en plus. Quand nous fûmes à portée d'être entendus, nous fîmes un peu de bruit, et aussitôt, nous étant approchés, nous leur demandâmes s'ils ne pouvaient pas nous indiquer un vaisseau prêt à mettre à la voile; sur leur réponse que le leur était un bâtiment anglais devant partir le lendemain matin à quatre heures, là-dessus nous leur apprîmes que nous étions de pauvres malheureux prisonniers français qui, après beaucoup de peine, étaient parvenus à s'échapper d'une île où la misère était si grande qu'il s'y commettait chaque jour les horreurs les plus épouvantables, et leur fîmes le récit de l'affaire du Polonais pour les apitoyer; nous employâmes tous les moyens possibles et capables de les toucher.

Deux marins qui savaient l'espagnol, et qui se trouvaient parmi eux, leur ayant traduit ce que nous venions de dire, après avoir délibéré entre eux, ils nous firent répondre qu'ils ne pouvaient nous prendre à leur bord : le désespoir nous donna sans doute de l'éloquence, car ils consentirent, à la fin, à nous recevoir ; alors ils nous envoyèrent la chaloupe pour nous conduire à la frégate.

L'on ne peut se faire une idée de notre joie : nous nous croyions à jamais sauvés et hors d'atteinte de nos cruels ennemis les Espagnols.

A peine fûmes-nous arrivés à bord de la frégate, que ceux qui nous y avaient amenés nous firent descendre à fond de cale, nous recommandant fortement, quelque chose qui arrivât, de ne jamais dire à qui que ce soit de l'équipage qu'est-ce qui nous avait fait entrer sur le vaisseau. Il fut aussi convenu, entre les marins et nous, que nous ne reparaîtrions que quand nous serions en pleine mer et que nous en trouverions l'occasion, attendu, nous dirent-ils, que leur commandant, étant fort humain, n'aurait sans doute pas la cruauté de nous renvoyer après que nous lui aurions raconté nos tristes aventures.

Tout se passa comme on l'avait prévu. Le commandant de la frégate ayant profité du beau temps qu'il faisait pour se promener sur le pont avec deux autres officiers, nous sortîmes de notre retraite, et étant tout à coup parus à ses yeux, notre présence lui fit l'effet de la tête de Méduse, car il parut stupéfait de voir à son bord deux hommes qui lui étaient inconnus ; et nous ayant demandé qui nous étions et d'où nous venions, je le satisfis, pour la première question, par le récit que j'avais déjà fait aux autres ; et, quant à la seconde, que nous sortions du fond de cale où nous nous étions cachés depuis trois jours, après avoir gagné à la nage son vaisseau. J'ajoutai que depuis que nous y étions, nous n'avions rien mangé qu'un pain que le hasard nous avait fait trouver, et que nous mourions de faim, ce qui n'était pas vrai, car nous avions le ventre plein de biscuit que les marins nous avaient apporté dans notre retraite.

Ce conte ayant paru le satisfaire, il nous dit : « Il m'est défendu, sous peine de perdre mon emploi, de recevoir aucun prisonnier sur le bâtiment que je commande ; mais puisque vous y êtes, restez-y, car je ne puis vous faire jeter à la mer. »

Ayant ordonné que l'on nous donnât de suite à manger, il donna aussi des ordres pour qu'on nous distribuât chaque jour la ration qu'on accordait aux matelots.

Le lendemain, me promenant sur le pont, comme il était permis d'y fumer, et que j'avais une petite provision de mon tabac de Cabréra,

qui, par parenthèse, était assez mauvais, je me
mis à fumer pour me distraire un peu. Le capitaine y étant venu, et s'apercevant que la
fumée de mon tabac sentait le vert, il m'en fit
l'observation; et m'ayant demandé d'où il provenait, je saisis cette occasion pour lui raconter
une partie de mes malheurs et lui dire que
ce tabac provenait de la récolte d'un jardin que
j'avais eu à Cabréra. Le capitaine, qui avait
écouté avec la plus grande attention le récit de
mes peines, me quitta quand j'eus fini pour
aller dans sa chambre, et je fus assez surpris,
lorsqu'il en revint, de le voir les mains pleines
de cigares qu'il me donna en me disant :
*Tiens, voilà des cigares qui sont meilleurs que
ton tabac, que tu auras, du reste, tout le temps
de fumer plus tard.*

Avant d'arriver à Malaga, où nous résidâmes
deux jours, nous vîmes un vaisseau, qui, au
signal qu'on lui fit, ne hissa pas son pavillon.
Le capitaine de la frégate, croyant que c'était
un ennemi, fit aussitôt tout préparer pour le
combat, et, le poursuivant tant que dura la
nuit et la journée du lendemain sans pouvoir
l'atteindre ; il fallut abandonner le projet de le
capturer, attendu que nous le perdîmes tout à
fait de vue.

Le lendemain de notre départ de Malaga, l'on aperçut une barque qui semblait vouloir nous éviter, et, l'ayant poursuivie jusqu'à ce qu'on fût à portée de canon, alors le capitaine, pour forcer les six hommes qui la montaient à se rendre, leur fit tirer un coup de canon à boulet. Quand ils virent qu'on ne badinait pas plus que cela avec eux, ils se rendirent, et l'on trouva que leur barque contenait un chargement de marchandises prohibées, telles que mousseline et tabac, qui fut confisqué.

Nous cinglâmes ensuite vers Gibraltar, où, après avoir séjourné neuf jours, nous fîmes voile sur Cadix, où l'on déposa les contrebandiers en arrivant. La frégate devait y rester deux mois. Comme André et moi avions à craindre que les Anglais, malgré tous les soins qu'ils avaient eu de nous, ne nous considérassent comme leurs prisonniers, nous étions résolus à profiter de la première occasion qui se présenterait pour fuir, ce qui ne tarda pas. Un jour, étant monté sur le pont, j'aperçus une petite barque espagnole qui se dirigeait vers Cadix en bordant la frégate. Je demandai aux marins qui la conduisaient s'ils voulaient que je m'en allasse avec eux. *Qui êtes-vous?* me dit l'un d'eux. Lui ayant répondu que j'étais pri-

sonnier français appartenant aux Anglais, il me
cria : *Anda bamousse !* A cet ordre, que je ne
me fis pas répéter deux fois, prenant le haut de
la barque, je me laissai couler jusqu'à eux.

Une fois que je fus dans la barque, ils me
firent diverses questions, auxquelles je répondis d'une manière satisfaisante. Ayant mon
récit tout préparé, je leur contai que j'avais été
fait prisonnier par les Anglais lors d'un combat qu'ils avaient livré à trois petits bâtiments
français dont je faisais partie ; et, par la suite,
je faisais cette histoire à tous ceux qui me
questionnaient, attendu que l'on ne pouvait
l'accuser d'invraisemblance, puisque j'avais
appris sur la frégate que ce combat, où je disais
m'être trouvé, avait effectivement eu lieu.

Avant de quitter les braves marins qui avaient
bien voulu m'aider à m'échapper, nous bûmes
la goutte ensemble ; et je puis dire que jamais
rien ne me sembla meilleur, car c'était la première que je buvais de si bon cœur depuis que
j'avais perdu et reconquis ma liberté.

Je les quittai après qu'ils m'eurent indiqué
le chemin de la place Saint-Juan de Dios[1], où

1. Cette place, une des plus belles de Cadix, est située
près du port et sert d'entrepôt général aux marchands
qui viennent y vendre diverses provisions de bouche.

je passai le reste de la nuit à me promener, ne croyant jamais assez jouir de ma liberté.

Comme j'avais oublié de m'amasser des rentes pour vivre à ne rien faire, mon estomac m'avertit le matin qu'il fallait travailler pour vivre. Certes, cela ne me contraria pas, car la paresse n'a jamais été mon défaut; mais la difficulté était de trouver de l'ouvrage. Je m'adressai à quelques paysans qui venaient au marché, et leur demandai où je pourrais trouver un boulanger qui pût avoir besoin de mes services : ils m'en enseignèrent un, chez lequel je me rendis, et qui me refusa, n'ayant pas d'ouvrage à me donner; mais il m'en indiqua un autre qui fabriquait du pain français. J'y fus; et ayant renouvelé mes offres, il me fit beaucoup de questions, auxquelles, après avoir répondu, je croyais déjà être installé dans la maison du boulanger français espagnol, quand il me dit qu'il était bien fâché pour lui et pour moi, mais qu'il ne pouvait occuper d'étrangers chez lu sans avoir préalablement reçu une autorisation du gouverneur de la place.

Le mauvais succès de ces deux premières démarches aurait dû me décourager; mais, stimulé par la faim, je fus chez un troisième, et, réitérant ma demande, j'eus le bonheur de m'arranger avec lui. D'abord il m'occupa à cribler du blé, ensuite il m'employa au moulin; et je crois ne point déplaire au lecteur en lui donnant ici un aperçu de ces moulins, qui diffèrent beaucoup des nôtres, tant par la forme que par les résultats du travail.

En Espagne, et surtout à Cadix, chaque boulanger a deux et quelquefois trois moulins, suivant l'importance de son commerce : ces moulins sont presque toujours placés dans des maisons, et ce sont des mulets qui font agir la meule qui n'a pas plus de quatre à cinq pieds de ciconférence sur treize à quatorze pouces d'épaisseur. Cette meule, en tournant sur une autre de la même grandeur, mais moins épaisse, écrase le grain, qui ensuite retombe dans une espèce de creux qui se trouve au pied du manège, et garantit des ordures que les mulets pourraient y envoyer par des planches qui l'entourent. Lorsque ce creux est plein, on retire la farine dans des corbeilles; et puis on la passe au tamis pour en séparer la majeure partie du son, et l'on en fait ensuite du pain massif, très lourd, et presque toujours sans croûte.

Comme j'étais accablé de travail dans cette maison, et qu'on me payait, malgré cela, fort peu, parce que ceux qui m'employaient m'avaient pris (ils le disaient du moins) par pure humanité, je me lassai bientôt de me donner beaucoup de mal sans profit ; et voulant, au moins que mon travail me fût payé ce qu'il valait, je me décidai à solliciter une permission du gouverneur, puisque c'était la seule chose qui m'empêchât de travailler ailleurs.

Un jour que je me promenais sur la place Saint-Antonio, qui sert de rendez-vous aux personnes les plus distinguées de la ville, je fis la rencontre d'un ancien compagnon d'armes qui avait pris du service dans un régiment des gardes wallonnes, qui, comme on le sait ou on ne le sait pas, sont en Espagne ce que la garde royale est en France ; du reste, ces régiments étaient composés de Français, d'Allemands, d'Italiens et d'Espagnols, et il n'était pas très difficile d'y entrer.

Le camarade dont je viens de parler s'appelai Duquesne, et avait été fait prisonnier en même temps que nous, et mis, avec environ quinze cents autres, sur les pontons à Cadix[1]. Un jour, le vent souffla avec tant de force du côté du camp des Français, qui était à peu près à un

1. On se rappelle que les pontons étaient de vieu bâtiments dégarnis de tous leurs agrès, et qu'on retenait avec de gros câbles.

lieue de là, les soldats qui se trouvaient sur un de ces pontons s'imaginèrent de couper le câble et de s'abandonner aux caprices du liquide élément : la fortune leur ayant été favorable, en moins d'une heure ils furent dans les bras de leurs frères d'armes.

L'heureux succès de cette entreprise donna l'envie à ceux qui étaient sur le ponton où se trouvait Duquesne d'en faire autant. (Il est bon d'observer qu'à cette époque il n'y avait que ces deux bâtiments dans la rade.) Une nuit que le vent soufflait encore du côté des Français, ils coupèrent le câble; mais au lieu d'y aller tout droit comme les autres, et par conséquent de se sauver, au moment où l'espérance commençait à entrer dans leur cœur, le ponton se retourne tout à coup et reste immobile au milieu des eaux. Les sentinelles du fort les avaient aperçus; aussitôt l'alarme fut donnée, les canons des forts et de tous les vaisseaux qui étaient dans le port furent braqués sur les fugitifs, et de tous côtés on les foudraya. La majeure partie de ceux qui ne périrent pas par le feu périrent par l'eau; et sur neuf cents prisonniers que contenait le ponton qui fut entièrement brûlé, il n'y en eut qu'environ trois cents qui échappèrent à la mort.

Duquesne fut heureusement un de ceux qui eurent le bonheur d'être recueillis dans les barques que les Français envoyèrent au secours de leurs frères qui tâchaient de se sauver à la nage. Incorporé de nouveau dans un régiment, le malheur, qui ne se lassait pas de le poursuivre, fit qu'il fut encore une fois fait prisonnier lors de la retraite des Français à l'affaire de Séville, et, par suite de cet événement, obligé, pour éviter le châtiment qu'infligeaient les Espagnols aux prisonniers fugitifs lorsqu'ils les reprenaient, de s'enrôler dans les gardes wallonnes : ce qui me semble bien excuser sa conduite et celle de bien d'autres Français, que la nécessité obligeait de prendre du service chez une puissance ennemie.

Du reste, ceux qui entraient dans ces régiments obtenaient sans peine, du gouverneur, des permissions de travailler chez les bourgeois, et avaient toujours devant eux l'expectative de pouvoir, soit un jour soit l'autre, rejoindre leurs compatriotes.

J'ai rapporté tous ces faits afin d'arriver à la proposition que me fit Duquesne, de prendre le même parti que lui, et, toutes réflexions faites, je m'y décidai ; et ayant aussitôt été trouver le signor Torcelini qui commandait le dépôt des gardes wallonnes, il nous reçut fort bien, et, après m'avoir admis à en faire partie, il me fit obtenir, sans aucune difficulté, la permission d'exercer mon état, partout où je voudrais, dans la ville.

Comme ma place, au moyen de cela, était toute prête chez le boulanger français-espagnol dont j'ai déjà parlé, je fus la prendre, attendu qu'il m'avait offert un salaire raisonnable qui pouvait me mettre à même de me procurer les douceurs dont j'avais besoin pour rétablir un peu ma santé, délabrée par le jeûne et la misère.

Je dois dire que les travaux, en Espagne, étaient mieux payés qu'en France, car mon patron, qui fixa lui-même le prix des miens, me donna, pendant les premiers temps, soixante francs par mois et nourri, ensuite il m'augmenta de vingt francs sans que je les lui demandasse.

Le plus grand plaisir des Espagnols est, comme tout le monde le sait, d'assister aux combats des taureaux. Comme je n'en avais jamais vu, je fus curieux de connaître ce spectacle, et je vais tâcher de faire une description de celui dont je fus témoin.

La place où ces combats ont lieu est une

enceinte parfaitement ronde, éclairée par le haut; les places sont entourées de gradins disposés de manière que chaque spectateur puisse voir à son aise. Les combats ont lieu en plein jour. Tout autour de l'enceinte sont plusieurs petites loges traversées par une grosse pièce de bois, qui ne laisse que l'espace nécessaire pour qu'un homme puisse se garantir de la fureur du taureau, en mettant cette espèce de rempart entre lui et l'animal, lorsque, poursuivi trop vivement par lui, il veut éviter le danger.

L'adresse et la subtilité des hommes qui combattent les taureaux est inconcevable, il est très rare qu'un homme soit vaincu par un de ces animaux furieux, et cependant il n'y a pas de combat que six à huit taureaux ne soient mis à mort. J'ai été témoin d'un qui devint si funeste à un des taurroyeurs, qui, en se lançant sur le taureau, manqua son coup, ou ne le porta pas assez lestement, et fut prévenu par le taureau, qui le renversa; et comme il n'eut pas le temps de se relever, cet animal, le saisissant avec ses cornes, le lança par trois fois à dix ou douze pieds de hauteur.

Il y a des combattants à cheval qui sont armés de lances d'environ douze pieds de longueur. Ces cavaliers sont très remarquables par leur adresse à manier cette arme. Ils ont des bottes fortes qui leur montent jusqu'à la moitié de la cuisse, afin que, s'ils viennent à tomber sous leurs chevaux, ainsi que cela a lieu assez souvent, ils ne puissent avoir les pieds ou les jambes écrasées, et c'est en abandonnant leurs bottes avec beaucoup d'adresse et de promptitude, qu'ils se dégagent du poids du cheval.

L'adresse de ces cavaliers consiste à éviter, au moyen de leur lance, que le taureau ne s'approche du poitrail de leur cheval. A cet effet, ils la font mouvoir de droite à gauche avec vivacité. Le taureau, qui s'est élancé avec une force remarquable, se sentant piqué avec la pointe de la lance, est obligé de passer sur les côtés du cavalier ; mais si celui-ci manque son coup, le cheval est toujours terrassé, et le plus souvent mis hors de combat. J'ai été témoin d'un pareil accident. Alors d'autres combattants à pied s'élancent au-devant du taureau, entre le cavalier démonté et l'animal, armés d'un petit manteau rouge qu'ils lancent sur la tête du taureau ; et pendant que celui-ci cherche à s'en débarrasser, le cavalier a le temps de remonter à cheval, ou de se mettre en lieu de sûreté.

Il y a peu de combats où quelques chevaux
ne succombent. Tous les combattants à pied
ont de ces petits manteaux, qui leur sont très
utiles; mais cependant, quand ils sont trop vivement poursuivis, ils se retirent dans les
petites loges dont nous avons parlé, et quelquefois les taureaux s'entêtent à pénétrer dans ces
petitesloges, dont l'entrée est fort étroite, et où,
ne pouvant, en quelque sorte, entrer qu'une de
leurs cornes, ces animaux frappent, avec une
force incroyable, contre ces retraites de leur
ennemi. Pendant ce temps, d'autres hommes
les excitent par derrière, et, tourmenté de tous
côtés, le taureau abandonne son entreprise pour
s'élancer sur ces nouveaux agresseurs. C'est
pendant ce temps que le prisonnier sort de sa
loge pour aller livrer de nouveaux combats.

Il faut, du reste, dire ici que ces combattants
courent avec une telle vivacité, qu'on croirait
qu'ils volent.

On a vu, par l'histoire de Duquesne que j'ai
rapportée, qu'au moment où ils cherchèrent à
s'échapper pour aller rejoindre les Français, ces
derniers n'étaient qu'à deux lieues de la ville
de Cadix, dont ils n'étaient séparés que par un
bras de mer, au-delà duquel ils avaient dressé
des batteries avec des pièces d'artillerie magni-

fiques, d'une grosseur et d'une longueur extra-
ordinaires, et qui avaient été fondues à Séville.

Lors de leur retraite, comme ils furent forcer
de les enclouer avant de les abandonner aux
Espagnols, ceux-ci, depuis, en firent des tro-
phées, et les ayant fait transporter à Cadix, on
y fit des affûts exprès, ensuite on les mit de distance en distance sur les promenades, afin de
les livrer à la curiosité générale. Moi-même
je suis allé les voir, et je les ai trouvées fort
belles, quoiqu'un peu mutilées; plusieurs
avaient l'embouchure brisée, et une, entre
autres, avait été traversée de part en part par
un boulet de canon. Je dirai, en outre, que les
Anglais, qui, ordinairement, font fort peu de
cas et affectent uu certain mépris pour tout ce
qui provient de l'industrie française, ne dédai-
gnèrent pas d'envoyer une de ces pièces à
Londres, où elle fut placée dans les galeries de
Westminster, à côté des plus belles produc-
tions des Watson et des Luitprand.

Il y avait aussi quelques mortiers qui portaient les bombes à deux lieues et demie de
distance ; une d'elles, qui avait été lancée du
camp français, et qui alla tomber sur une maison au-dessus de la place Saint-Jean de Dios,
où se trouvaient réunies sept personnes qui,

comme on le pense bien, s'empressèrent de fuir avant que le projectile éclatât; une seule, moins diligente, fut atteinte par plusieurs éclats, et mourut trois heures après des suites de ses blessures.

Pendant le siège que l'on fit dans Cadix, les Espagnols, afin d'avoir le temps de se garantir des bombes, avaient fait placer, dans le clocher le plus élevé, un homme dont l'unique emploi était d'observer, à l'aide d'une longue-vue, ce qui se passait dans le camp français; et dès qu'il apercevait les canonniers mettre le feu aux pièces, il sonnait la cloche, pour avertir les personnes qui pouvaient se trouver par hasard sur les promenades publiques, afin qu'elles aient au moins le temps de fuir, car les bombes arrivaient là plus qu'en tous autres endroits.

Je jouissais de la plus grande faveur auprès de mon patron, lorsque le bruit courut qu'un bâtiment, destiné pour Montevidéo, devait partir incessamment pour y conduire des ouvriers de différents corps d'états. Aussitôt l'idée de partir avec ce bâtiment me vint. Deux raisons me déterminaient à prendre ce parti : la première, et la plus puissante des deux, était l'espoir de rejoindre bientôt ma patrie; quant à la seconde, quoique moins puissante sous un certain rapport, elle pouvait être considérée comme raison majeure, c'est qu'à Montevidéo on prétendait que les travaux y étaient payés beaucoup mieux encore qu'à Cadix, espérant par là me faire un fonds capable, si je trouvais les moyens de rentrer en France, de me les faciliter.

Mon dessein arrêté, je n'attendais plus que le moment de le mettre à exécution, c'est-à-dire le départ de l'embarcation ; mais il arriva qu'elle partit de jour, et je ne pus en profiter, ne voulant pas que les autorités de Cadix apprissent mon départ avant le moment où j'aurais pu être à l'abri de leurs poursuites ; car, malgré que je ne fusse pas positivement engagé dans les gardes wallonnes, je n'en étais pas moins soumis à la surveillance que l'on pouvait se croire en droit d'exercer sur moi.

Quelque temps après, il arriva de Madrid un capitaine porteur de l'ordre de rassembler tous les gardes wallonnes qui se trouvaient au dépôt, afin de les faire partir de suite pour rejoindre le régiment dont il n'y avait à Cadix qu'un détachement.

Cet ordre devant être exécuté sur-le-champ, il fallait partir de suite, et j'ai tout lieu de croire que mon patron aurait bien voulu que je restasse chez lui, quand bien même il lui en aurait coûté une assez forte somme d'argent, car depuis que *le Francese*, c'est ainsi qu'on m'appelait, était chez lui, son commerce s'était doublé.

L'on nous dirigea sur Séville, où nous restâmes huit jours ; de là nous allâmes à Troquillos, dont les environs sont remarquables à cause de la grande quantité de cigognes qui s'y trouve ; la ville même en est infestée ; c'est pourquoi nous l'avions surnommée *le quartier-général des cigognes*, et ce nom lui convenait parfaitement, car les églises, les monuments et presque toutes les maisons particulières, étaient couverts de nids de ces oiseaux, et hérissés souvent de leurs longs cols.

Un Français, garde wallonne comme moi, ayant fondé sur une de ces cigognes l'espoir d'un bon dîner, en tua une ; mais à peine l'eût-il abattue, qu'il fut entouré par une foule d'Espagnols qui le conduisirent devant le corrégidor pour qu'il fût réprimandé, et, lui ayant repris la cigogne, ils le ramenèrent au lieu où nous étions campés, en l'accablant d'invectives, et ne le quittèrent qu'après s'être assurés qu'il serait puni, ce qu'il fallut faire pour satisfaire à leur sotte crédulité, qui les porte à les appeler les oiseaux de *Dios*.

Après être restés deux jours à Troquillos, nous en partîmes pour nous rendre à Balagosse, lieu où nous devions faire un assez long séjour; mais comme je croyais que le service auquel était assujétis les gardes wallonnes, était, en quelque sorte, déshonorant pour un Français, et sachant bien que nos officiers, qui, pour la plupart, étaient nos compatriotes, accordaient avec la plus grande facilité des permissions pour travailler, j'en sollicitai une, et, l'ayant obtenue, je m'associai avec quatre autres Français qui jouissaient du même avantage que moi. Comme nous étions dans le temps des moissons, nous nous mîmes moissonneurs à la mode d'Espagne, c'est-à-dire que l'on coupe la paille presqu'au ras de l'épi, et qu'on n'y laisse juste que ce qu'il faut pour pouvoir en faire des bottes qui ont tout au plus cinq à six pouces de long; alors quand ceci est fait, comme on ne fait rien de la paille, on y met le feu, et on la brûle sur place, ce qui ne contribue pas peu à engraisser le terrain et à le rendre aussi productif que l'est généralement partout cette contrée.

Nous renonçâmes bientôt à notre nouvel état, malgré qu'il fût assez lucratif, puisque le cultivateur pour lequel nous travaillions devait nous donner pour un champ de douze arpents

36 douros, ou à peu près 180 francs de notre pays, ce qui était fort considérable dans la position où nous nous trouvions; mais, comme nous avions à cœur de gagner notre argent, nous travaillions avec ardeur, quoique la chaleur fût insupportable : le soleil dardant ses rayons continuellement sur nous, cela nous rendait presque fous. Lorsque nous voulions manger, malgré toutes les précautions que nous pouvions prendre, nos aliments se trouvaient gâtés, et nous avions beau les enterrer à trois ou quatre pieds de profondeur, nos vivres et nos boissons se décomposaient également.

Ce qui ne contribua pas peu à nous faire abandonner l'état de moissonneurs, ce fut la mort de deux de nos compagnons qui périrent victimes du courage qu'ils avaient apporté à travailler.

Ne voulant pas continuer un métier qui m'aurait infailliblement envoyé les rejoindre, je jetai mes vues d'un autre côté, et ayant fait connaissance d'un nommé Grandpierre, boulanger comme moi et prisonnier aussi, il se trouva que le bourgeois chez lequel il travaillait avait tout justement besoin de quelqu'un; il me présenta à son patron, qui, m'ayant accepté, m'occupa jusqu'à mon départ, qui eut lieu pour me rendre à Legonesse, et de là à Pampelune.

Pendant que j'étais à Balagosse, cinq Français, gardes wallonnes, ayant trouvé leur belle pour s'échapper, quittèrent un jour l'uniforme et partirent de cette ville vêtus comme les autres prisonniers ; et s'étant procurés en route des papiers, ils parvinrent heureusement à rentrer dans leur patrie, mais ce ne fut pas sans essuyer un grand nombre de traverses.

J'ai dit tout à l'heure que l'on nous envoya à Legonesse et de là à Pampelune : on aurait pu croire en voyant les habitants de cette première ville, qu'ils n'étaient pas Espagnols, car ils n'avaient aucun de leurs défauts, et n'étaient ni cagots, ni fanatiques, et l'on ne pouvait leur reprocher d'être sales ni superstitieux.

Après trois semaines de séjour dans cet endroit, nous reçûmes l'ordre de nous rendre au blocus de Pampelune, dont la garnison était composée de 5.000 Français. Nous fûmes détachés au nombre de 80 hommes pour aller faire contribuer, en route, plusieurs villages à l'entrée de la Castille. Notre mission une fois remplie, nous nous disposions à rejoindre les autres gardes wallonnes, quand plusieurs individus, paysans et bourgeois, que nous rencontrâmes en route, nous demandèrent si nous avions des car-

touches à leur céder; plusieurs de nous leur
en vendirent; et comme cela se renouvelait assez
souvent, il y en eut qui en fabriquèrent avec du
sable en ne mettant de la poudre qu'à la super-
ficie. Ce commerce n'alla pas mal pendant un
certain temps; mais à la fin, la supercherie
s'étant découverte, un jour, un individu qui en
achetait plusieurs paquets, soit qu'il eût déjà
été attrapé, soit qu'il fût plus fin que les autres,
s'imagina de les ouvrir, et, s'étant aperçu de la
tricherie, alla trouver le commandant du détachement, et, lui ayant porté plainte, cet officier
qui était d'un caractère dur et ne se plaisait
qu'à infliger des punitions, fit battre la caisse;
il fit rassembler tout le détachement : l'homme
aux cartouches ayant reconnu ses deux vendeurs
on les fit sortir des rangs; le commandant dont
je ne veux pas citer le nom, à cause de l'espèce
d'infamie qui résulterait pour lui de sa conduite cruelle dans cette circonstance, les con-
damna à recevoir chacun vingt coups de bâton
et à subir de suite leur punition; mais il fallait trouver des hommes qui voulussent bien
devenir les exécuteurs de ces ordres barbares,
et plusieurs camarades ayant été demandés,
aucun ne voulut obtempérer à cette réquisition;
alors, forçant deux hommes à lui obéir, ceux-ci

touchés de pitié, ayant donné des coups mal appliqués, il s'élança sur eux et les frappa à coups de plats d'épée pour les obliger à donner des coups plus forts.

Cette scène, qui se passait sur une des places de la ville, avait attiré une foule considérable de curieux : tout le monde ayant été indigné de la conduite infâme du commandant, ce ne fut qu'un cri unanime d'indignation contre lui ; on l'apostrophait par ces mots : *Pognatera rastrao indigno*, enfin, qu'il ne connaissait pas son service, que l'acheteur était un coquin, et que c'était plutôt lui qu'on aurait dû punir.

Cette affaire étant venue aux oreilles des autorités de la ville, elles voulurent en prendre connaissance, et, s'étant fait rendre un compte exact des faits, elles ordonnèrent que les deux malheureux soldats qu'on avait déjà conduits en prison, seraient mis sur-le-champ en liberté ; que le paysan leur paierait à chacun, à titre de dommages-intérêts, 20 douros, ce qui fait environ 100 francs de France, et que cette somme serait payée de suite, ce qui eut lieu aussitôt.

Par ce jugement, rempli d'équité, les magistrats s'acquirent les louanges de tout le monde, et ils ajoutèrent encore à la satisfaction qu'il fit éprouver, en adressant à l'officier des reproches bien mérités et des réprimandes on ne peut plus sévères.

En nous en allant, notre sergent, qui s'appelait Loppez, nous recommanda de ne pas raconter ce fait quand nous arriverions à Pampelune ; mais comme nous n'aimions pas assez le commandant pour tenir sa conduite secrète, chacun s'expliqua à ce sujet sans aucun ménagement.

Après avoir passé à Valladolid pour y prendre des objets d'habillement, nous allâmes rejoindre le régiment qui se trouvait à trois quarts de lieue en arrière de Pampelune dans la montagne, ensuite nous nous organisâmes pour aller camper dans une plaine à une lieue de cette ville, afin de tenir en respect la garnison française chargée de la défense de la place.

Nous fûmes relevés de ce poste par d'autres troupes, et envoyés dans un autre lieu, où nous étions dans une position vraiment critique, exposés, à chaque instant, à périr par la main de nos compatriotes. Quand ils faisaient des sorties pour tâcher de se procurer des vivres, nous étions bien certains alors qu'ils nous gratifiaient de l'envoi d'obus qui nous faisaient beaucoup de mal.

Cependant, comme il y avait des jours où

nous étions parfaitement tranquilles, un caporal et moi nous nous aventurâmes dans des vignes qui étaient un peu plus loin que nos premiers avant-postes. La sentinelle, croyant que nous allions cueillir des raisins, eut l'air de ne pas faire attention à nous, de sorte que nous étions déjà assez éloignés du camp lorsque nous aperçûmes deux Français de la garnison de Pampelune qui grappillaient comme nous. Les ayant appelés dans notre langue, ils avancèrent peu à peu jusqu'à ce qu'étant venus à portée de converser ensemble, ils nous apprirent que l'on éprouvait dans la ville la plus affreuse misère, et que l'on était obligé de manger les chevaux des gendarmes ainsi que tous les animaux domestiques, mais qu'ils espéraient bientôt être délivrés par l'armée française, qui était en marche pour venir à leurs secours; et, de confidence en confidence, nous en vînmes à apprendre et à leur faire connaître tout ce qui pouvait nous être avantageux dans notre position réciproque. Nous leur dîmes aussi que notre intention était de déserter à la première occasion ; car si nous ne le faisions pas aussitôt, ce n'était que la crainte de ne pas avoir de vivres qui nous arrêtait.

Après nous être promis de nous revoir, nous

nous quittâmes, et, le surlendemain, nous étant
rendus au lieu du rendez-vous, nous leur portâmes, à chacun, un pain que nous étions parvenus à cacher dans nos schakos, en les coupant
par morceaux ; en échange ils nous donnèrent
deforts bons cigares dont ils avaient, disaient-
ils, une grande provision.

Nous renouvelâmes ce manège plusieurs fois,
mais bientôt nous cessâmes, non pas par crainte
du châtiment qui nous était réservé si nous
avions été pris sur le fait, mais bien par celle
de mourir en ayant l'apparence d'avoir trahi.

Quelques jours après, nous aperçûmes, dans
Pampelune, un mouvement extraordinaire : tous
les étendards étaient déployés, et nous entendîmes même les cris d'allégresse que poussaient
les pauvres malheureux bloqués ; c'étaient les
60.000 hommes, dont nos amis nous avaient
parlé, qui s'avançaient sur Pampelune, sous les
ordres du maréchal Soult.

Il est à présumer que nos chefs en avaient eu
avis, car il nous fut ordonné de changer de suite
de camp et de position. Nous étions à peu près
environ cent mille, tant Anglais qu'Espagnols,
et dans cette circonstance, nous autres gardes
wallonnes, nous fûmes très heureux de défiler
des premiers par un sentier qui se trouvait

sous les canons de la ville, mais qui était si étroit, qu'on avait peine à y passer deux de front, car, s'étant aperçue que le gros de l'armée espagnole prenait le même chemin, la garnison se mit à faire un feu continuel, si bien nourri, qu'il tua une grande quantité de monde, ce qui pourtant n'empêcha pas notre armée d'avancer pour se porter à la rencontre des Français, qui n'étaient guère plus qu'à une lieue et demie.

Pendant que le gros de l'armée espagnole était aux prises avec l'armée française, on nous plaça nous autres en bataille dans une plaine où nous restâmes jusqu'à ce que l'affaire fût décidée. Nous entendîmes de là le canon ronfler des deux côtés ; et bien que nous fussions parmi les Espagnols, nos vœux les plus ardents étaient pour que la victoire se décidât du côté des Français ; mais malheureusement il survint une pluie tellement abondante, qu'on fut obligé de cesser le feu de toutes parts, ce qui obligea l'armée de battre en retraite et l'empêcha d'aller débloquer les troupes qui étaient à Pampelune.

Le reste de la nuit fut employé par nous à repasser par où nous étions venus, et le lendemain le feu ayant recommencé, les Français, tout en continuant leur retraite, tuèrent beaucoup de monde aux Anglais et aux Espagnols, mais cela sans y gagner le moindre avantage.

Les gardes wallonnes devant toujours suivre sur les derrières notre corps d'armée, ainsi que tous ses mouvements, nous fûmes assez surpris, au point du jour, de voir les Français postés sur une hauteur qui faisait face à celle où nous nous trouvions, et qui ne se trouvait séparée que par une petite rivière qui coulait au milieu d'elles. Cette vue ayant ranimé l'envie que nous avions de rejoindre nos frères, dans la matinée, un de mes camarades, nommé Olivéro, et moi, nous formâmes le projet de ne pas attendre plus longtemps pour nous évader. Les Français venant très tranquillement chercher de l'eau dans la petite rivière qui nous séparait, nous conçûmes l'idée de prendre des bidons et de faire comme si nous allions aussi chercher de l'eau pour boire, et qu'aussitôt arrivés au bord, nous nous jetterions à la nage pour aller retrouver nos camarades.

Nous allions mettre ce projet à exécution, lorsqu'au même moment, étant caporal, je fus commandé pour aller à la distribution ; il me fallut donc renoncer à mon projet d'évasion ; et quand je revins, j'aperçus Olivéro qui avait profité de l'occasion, et qui déjà atteignait l'autre rive. Deux officiers tirèrent plusieurs coups de fusil sur lui, mais heureusement aucun ne l'attrapa, et j'eus au moins la satisfaction de le voir s'échapper.

Aussitôt qu'il eût passé la rivière, les Français, au nombre peut-être d'une trentaine, vinrent à sa rencontre, et, l'ayant serré dans leurs bras, ils l'emmenèrent avec eux comme en triomphe.

Toutes les fois que je voulais m'évader, malgré que je prisse bien toutes mes mesures, il y avait toujours quelque empêchement, et la fatalité semblait s'attacher à toutes mes entreprises de ce genre; et si j'entreprenais quelque chose, d'autres peut-être moins adroits, mais plus heureux que moi, profitaient de mes projets sans avoir eu la peine de les concevoir.

Les généraux espagnols, s'apercevant que le seul désir de la plupart des gardes wallonnes était de pouvoir s'échapper, nous changèrent encore une fois de position et nous mirent à la troisième ligne, proche les frontières de France. Je laisse à penser au lecteur quel chagrin nous éprouvions en voyant qu'il n'y avait qu'un pas qui nous séparait de notre patrie, et de dire qu'il nous était impossible de le faire. Des argus, sans cesse épiant nos démarches, semblaient même nous faire un crime de penser à la liberté, et les armes étaient toujours prêtes à se lever sur nous dès que nous paraissions vouloir franchir la barrière qui nous séparait de notre pays.

Malgré les différents périls qu'on avait à courir, il y en avait toujours quelques-uns qui s'échappaient ou tentaient de s'échapper : le camp français était si près, que cela donnait toujours l'espoir de réussir, et chaque matin, quand nous entendions battre la diane, nous éprouvions une émotion à la fois pénible et délicieuse.

Avant d'entreprendre aucune nouvelle tentative d'évasion, nous voulûmes nous assurer positivement quelle pouvait être la distance qui nous séparait du camp français : à cet effet, un jour nous nous associâmes cinq ensemble, et nous nous mîmes à chercher à travers les collines et les bois un chemin qui pût nous y conduire tout droit ; mais comme la nuit nous avait surpris, nous eussions infailliblement été donner dans un poste espagnol, si nous ne nous en étions aperçus à temps, et si nous ne nous étions hâtés de prendre un autre chemin.

L'espérance d'une prochaine délivrance commençait à entrer dans notre âme, quand tout à coup nous nous trouvâmes presque en face d'un poste composé de cinq hommes, qui heureusement ne nous aperçurent pas; mais comme il aurait fallu, pour s'échapper, passer devant eux, étant tout justement au milieu de la route que nous devions suivre, nous fûmes donc obligés de retourner sur nos pas.

Malgré toute la diligence que nous avions pu mettre à revenir, nous ne pûmes rentrer au camp qu'après l'appel, où il avait manqué trente-sept hommes. Nos chefs nous firent une foule de questions auxquelles nous eûmes le bonheur de répondre tous d'une manière analogue et satisfaisante, qui firent admettre nos excuses.

Je dis pour ma part, dans cette occasion, que je venais du lieu où se faisaient les distributions, celle de la veille n'ayant pas eu lieu, et que j'avais attendu, afin de pouvoir avoir quelque chose. Quant à ceux qui ne donnèrent point de raisons plausibles, ils étaient condamnés à être envoyés à la garde du camp. Cette punition consistait à avoir pendant tout ce temps son habit retourné, à ne pouvoir bouger du lieu où on était mis, et à être ainsi exposé à toutes les injures du temps, et plusieurs sous-officiers et caporaux furent dégradés.

A quelques jours de là, je fus d'ordonnance à l'état-major : comme je devais la porter tout à fait à la seconde ligne, au régiment de Morsilla, il me passa par la tête de déserter, si toutefois on peut appeler ainsi l'envie que j'avais de quitter les drapeaux espagnols pour repasser sous ceux de ma patrie. M'étant donc concerté avec un autre caporal, qui était aussi d'ordonnance, mais pour un autre régiment de la même ligne, nous devions nous rejoindre, attendu qu'il devait partir à quatre heures et moi à six ; il eut une meilleure réussite que moi, car il ne revint pas.

Voici ce qui m'arriva :

Toujours la tête occupée de mon projet, au lieu d'aller directement à ma destination, je pris un détour qui me conduisit au même but, mais en passant plus près des Français ; or il arriva, pour mon malheur, que j'allai donner dans un poste ; la sentinelle m'ayant crié *qui vive !* je répondis *Espana !* et, tenant à la main mon ordonnance, je demandai bénévolement si l'on pouvait m'indiquer où je pourrais trouver le régiment de Morsilla : ils me montrèrent le chemin que j'avais à prendre ; mais m'étant aperçu qu'on m'observait, je fus encore pour cette fois obligé de faire mon devoir et de retourner au camp, après avoir remis mon ordonnance, quoique véritablement je croyais bien jamais n'y rentrer en voyant les bivouacs français si près de moi.

Tous les jours nous entendions raconter les circonstances de nouvelles évasions : hélas ! si les uns étaient heureux dans leurs entreprises, d'autres ne l'étaient pas autant, et j'étais de ce nombre.

Toutes les désertions qui s'opéraient depuis quelque temps n'étaient pas propres à nous mériter la confiance des Espagnols qui agissaient, peut-être avec raison, avec la plus grande méfiance envers les gardes wallonnes; c'est ce qui les décida à nous faire rebrousser chemin jusqu'au-dessus de Pampelune, à Pointa-la-Reine, où nous restâmes en garnison l'espace de deux mois environ, qui ne furent employés qu'à nous faire lever des contributions, en voitures, mules et mulets. On nous y envoyait par détachement de quatre-vingts à cent hommes, commandés par un officier supérieur avec un commissaire des guerres, et ensuite on nous répartissait en d'autres détachements de douze ou quinze hommes pour aller dans les villages.

Une fois, étant allé dans un à cinq quarts de lieue de Pointa-la-Reine, ayant à notre tête le

commissaire des guerres, à l'effet de lever une
contribution de mulets, l'alcade ne voulant pas
accorder ce que nous demandions, malgré que
cela fût possible; nous voulûmes l'y forcer;
mais ayant résisté, l'on allait l'emmener pour
qu'il rendît compte lui-même de son refus,
mais il refusa de marcher; alors on se décidait
à le lier, quand, appelant les paysans à son
secours, il en vint quelques-uns que nous
croyions pouvoir facilement mettre à la raison,
lorsqu'à leur tour appelant à leur aide les autres
paysans, ce qu'ils firent en sonnant les cloches,
en un instant nous fûmes entourés par toute
la population du village : hommes, femmes et
enfants, tous nous barraient le chemin, de manière qu'il n'y avait plus moyen d'avancer ni
de reculer, et par conséquent d'emmener l'alcade.
Comme nous devions d'abord songer à nous
tirer du péril où nous nous trouvions, et que
nous ne pouvions le faire sans employer de
grands moyens, nous repoussâmes d'abord les
assaillants à coups de crosse, ensuite il fallut
employer les baïonnettes; l'on riposta avec des
fourches et des faux; bref, après avoir reçu
quelques coups de fusil à plomb qui ne nous
firent pas grand mal, on finit par nous en tirer
à balles. Comme cela devenait par trop sérieux,

et que les balles sifflaient assez joliment à nos
oreilles, nous ripostâmes tout en battant en
retraite ; heureusement que personne de nous ne
fut atteint, mais ils nous firent trois prisonniers,
et après les avoir battus à la dernière extrémité, ils les menèrent en prison, où ils eurent
encore à essuyer toutes sortes de mauvais traitements. Mais ayant ensuite réfléchi sans doute
que nous pourrions leur faire un mauvais
parti à cause de leur conduite envers nous, ils
donnèrent aux prisonniers tout ce qu'ils demandèrent, afin que ceux-ci ne se plaignissent pas
autant qu'ils étaient en droit de le faire ; du
reste, il est à croire que ce qui animait les
Espagnols contre nous, malgré que nous fussions à leur service, c'était notre qualité de
Français.

De retour à Pointa-la-Reine, nous fîmes notre
rapport au commandant, qui ordonna sur-le-
champ ce qui suit :

Qu'avant deux heures après midi, l'alcade
aurait rendu les trois hommes et paierait
400 douros, où qu'à quatres heures tout le régiment serait dans le village, et qu'il serait mis
au pillage et brûlé.

Cet ordre produisit son effet aussitôt qu'il fut
parvenu : on se hâta d'envoyer les 400 douros ;

et, quant aux prisonniers, on avait redoublé de soins et d'égards, afin qu'ils ne disent rien des mauvais traitements qu'on leur avait fait endurer.

Si l'amour de la patrie ne m'avait tourmenté, j'aurais pris volontiers mon parti, trouvant en quelque sorte un dédommagement dans celui que cherchait à m'inspirer la femme de mon hôte à Pointa-la-Reine : ce dernier était fort laid, mais je l'estimais, et je connaissais trop le respect que l'on doit aux propriétés, pour chercher à devenir possesseur de la sienne ; d'ailleurs, j'avais d'autres inclinations, et je m'étais lié un peu plus que d'amitié avec une femme espagnole, dont le soi-disant mari avait été abandonné par elle à cause du mépris qu'elle lui portait encore, *soi-disant* pour avoir abandonné les drapeaux français pour passer au service de l'Espagne.

Nous étions convenus entre nous qu'aussitôt que nous partirions de l'endroit où nous étions, je prendrais les titres et les droits de mon prédécesseur, mais cela n'arriva qu'après certaines circonstances que je vais rapporter ici :

Il y avait dans notre régiment un caporal qui, soit qu'on lui eût laissé quelques espérances ou autrement, contait fleurette à la dame, avant que je lui eusse parlé. Quand cela eut eu lieu il continua, et, un jour que j'étais sorti, je trouvai mon particulier en conversation avec elle, et il ne s'agissait rien moins que de la forcer à le suivre en emportant ses effets de chez moi. Dans cette circonstance, outré de colère, je la sommai d'opter entre nous deux : son choix me fut favorable. Je signifiai à mon rival de se retirer, et que s'il avait quelques explications à donner, je me chargeais de les recevoir ; il me comprit, et s'étant en allé, l'ayant rejoint peu de temps après, il s'éleva une nouvelle querelle à la suite de laquelle nous mîmes les armes à la main ; mais il n'y eut pas de sang de répandu, les témoins lui ayant fait entendre raison sur ses prétentions.

Quelque temps après, nous reçûmes l'ordre de nous rendre à Pont-Corbeau, où il existe une forteresse, qui était alors occupée par les Français ; quand nous y fûmes arrivés, l'on détacha du régiment cent cinquante hommes dont je faisais partie, pour les envoyer à Elisondo, frontière de France, sous le commandement du lieutenant-colonel Morel, et de là l'on nous dissémina par trois, quatre et cinq dans les villages avoisinants.

M. Morel demeura à Tialard, espèce de bourg,

à deux lieues de France ; je fus choisi avec huit hommes pour rester avec lui. Certes, j'étais trop près de mon pays pour ne pas voir se renouveler plus que jamais le désir que j'éprouvais de le revoir ; et, comme j'avais pour habitude de me choisir un compagnon de fuite quand je voulais en hasarder une, je ne crus pouvoir mieux m'adresser qu'à un Italien nommé Verontini, jeune homme charmant, qui était avec moi à Tialard, et qui m'avait fait déjà quelques ouvertures à ce sujet ; bref, nous étant entendus, nous résolûmes de tenter un soir d'effectuer notre évasion et, après avoir pris des informations, nous partîmes à neuf heures et demie ; mais comme il nous fallait faire des détours et marcher avec précaution, nous mîmes au moins cinq heures pour faire deux lieues ; enfin, après avoir marché toute la nuit, nous eûmes le désespoir de voir que, nous étant égarés, nous étions venus nous mettre à la gueule du loup. Ayant aperçu à une demi-portée de fusil plusieurs soldats appartenant aux bandes de Mina, qui, heureusement, ne nous virent pas, ou firent semblant de ne pas nous apercevoir, toujours est-il que nous étions disposés à nous bien défendre contre ceux qui nous attaqueraient, car nous étions furieux de voir échouer encore une fois notre projet par la rencontre que nous venions de faire.

Afin d'éloigner tous soupçons, nous avions laissé croire dans nos logements que nous allions porter une lettre du commandant dans un village aux environs, dans le cas où nous serions forcés de revenir ; de sorte que, quand nous le fîmes, personne ne se douta de rien.

La femme que j'avais pour maîtresse, et que j'appellerai désormais par son nom d'Angelma, était espagnole d'origine, mais elle haïssait et détestait mortellement tout ce qui était de sa nation, à cause des cruautés que ses compatriotes avaient exercées sur sa famille, et principalement sur son père et un de ses frères qui furent massacrés par eux.

La haine qu'Angelma portait aux Espagnols était bien légitime, comme on le verra ; et autant elle détestait ceux-ci, autant elle aimait les Français ; c'est ce qui l'avait forcée à quitter le lieu de sa naissance, pour mener une conduite que les malheurs qu'elle avait éprouvés semblait en quelque sorte excuser.

Déjà plusieurs fois elle m'avait sollicité pour que nous recherchions les moyens de fuir ensemble en France, mais je pensais, malgré toute l'amitié que j'avais pour elle, qu'il serait au moins imprudent de l'associer à mes projets et à leur exécution ; c'est ce qui fit que, lors de ma dernière tentative, je ne l'avais prévenue de rien.

Le jour même où je la fis, un cantinier et sa femme furent plus heureux que moi, car ils réussirent à passer en France avec tout ce qui leur appartenait : à la vérité, ce fut la clé d'argent qui leur ouvrit tous les passages ; quoi qu'il en soit, il eurent le bonheur de regagner leur patrie.

Depuis que j'étais avec Angelma, je n'avais jamais eu à me plaindre d'elle ; elle était, d'ailleurs, très intéressante sous le rapport des malheurs qu'elle avait éprouvés, et je crois ne devoir mieux faire que de rapporter son histoire, afin de mettre le lecteur à même d'en juger.

HISTOIRE D'ANGELMA

Issu d'une famille noble d'Espagne, son père, lequel je n'ai jamais connu que sous le nom d'Alonzo, avait été contraint, à la suite de revers de fortune, d'embrasser la profession de maître de langues, qui lui avait été assez lucrative.

Lorsque j'en fis la connaissance, Angelma pouvait avoir environ vingt huit ans ; elle était extrêmement brune, ce qui ne nuisait en rien à l'ensemble de sa figure, et pouvait généralement passer pour être jolie et très spirituelle. Du reste, l'éducation qu'elle avait reçue aurait pu la mettre à même d'en faire un parti honorable, mais les circonstances vinrent déranger tout.

Lors de l'invasion des Français en Espagne, la maison de don Alonzo devint le lieu de réunion d'une foule d'officiers de tous grades auxquels il enseignait la langue espagnole.

Le séjour des Français s'étant prolongé, la haine que leur portaient les Espagnols devint la source des malheurs qui accablèrent la famille d'Angelma.

Soit jalousie, soit tout autre motif, le maître de langues fut regardé comme traître à son pays en recevant chez lui les Français. Longtemps il eut à essuyer les effets de la rage frénétique qui animait ceux qui se prétendaient bons Espagnols, mais il n'avait pas eu encore à craindre pour ses jours, et à redouter que la vengeance de ses ennemis fût poussée au dernier degré d'exaspération ; mais, par la suite, réfléchissant aux effets de la vindication espagnole, il chercha par tous les moyens possibles de tâcher de ne pas en devenir la victime ; cependant ses mesures, telles bien prises qu'elles eussent été, ne purent le mettre à l'abri du poignard des assassins ; sa mort était jurée : il fallait qu'il mourût.

Un jour que ce vieillard, dont le seul crime était de ne pas partager la haine de ses compatriotes pour les Français, était seul avec un de ses fils, sa maison fut assaillie par une troupe de forcenés : les portes furent brisées, et étant entrés dans l'intérieur, après avoir cassé et mis tout au pillage, ils pénétrèrent jusqu'à la chambre de don Alonzo, et assouvirent leur fureur sur ce malheureux vieillard, qui tomba bientôt percé de coups ; son fils même ne put échapper à leur rage : ils le massacrèrent de la manière la plus horrible.

Dans cette triste position, Angelma ne pouvant chercher un refuge chez les bourreaux de sa famille, et, ayant, d'ailleurs, à craindre pour ses jours, se réfugia chez un officier français qu'elle aimait: comme la constance n'a jamais été le défaut des hommes de notre nation, il l'abandonna quelque temps après. Une première faute entraîne à en commettre une nouvelle, et ainsi de suite; c'est ce qui arriva à Angelma : elle passa par tous les grades de l'armée pour venir à un caporal, et ce caporal, c'était moi.

*
* *

J'ai dû interrompre mon récit pour rapporter les malheurs de mon infortunée compagne ; maintenant je reprends ma narration.

Le détachement qui était à Elisondo, et dont je faisais partie, reçut l'ordre de quitter les frontières et de se rendre à Oyalaxara, ville assez considérable et très commerçante. Lorsque nous y arrivâmes, on attendait le retour du roi d'Espagne qui était en France, et toutes les fabriques, entre autres celles de draps qui pouvaient occuper quatre mille ouvriers, étaient en pleine activité, et le commerce commençait à reprendre.

Après nous avoir disséminés dans les endroits environnants, par détachements de trente hommes plus ou moins, selon l'importance des localités, et où nous levions des contributions suivant les ordres que nous en avions reçus, quand on refusait de payer, on mettait deux soldats chez le bourgeois, auxquels il était obligé de donner à chacun trois francs par jour et de les nourrir, et tout ce qui provenait de ces taxes, sur lesquelles on nous donnait vingt sous, était employé à notre habillement. M. Morel, notre commandant, était extrêmement jaloux de voir une belle tenue à son détachement ; il remplaça, en outre, les mauvaises chaussures que nous portions habituellement, que l'on appelait *espargattes*, et qui ne pouvaient convenir qu'aux montagnards, par d'autres plus convenables, de sorte que nous parvînmes à être équipés avec goût et même élégance.

Tandis que nous étions à Oyalaxara, on y apprit la nouvelle de la rentrée du roi en Espagne, ce qui causa une grande joie et donna lieu à de très belles fêtes en réjouissance de cet événement.

L'on dressa, à cet effet, du côté de la porte de France, une espèce de trône, sur lequel on devait mettre le buste du roi Ferdinand VII, que les gardes nationaux à cheval et en grande tenue, ayant à leur tête les autorités, allèrent chercher hors la ville ; ensuite on l'apporta en triomphe : l'ayant placé de manière à ce que tout le monde pût le voir, l'enthousiasme devint général et les airs retentirent des cris de *vive Ferdinand VII ! vive le roi ! vive l'Espagne !*

Un de nos camarades, croyant devoir ajouter à l'élan imprimé au peuple, faillit payer de sa vie l'imprudence qu'il commit en criant : *Vive*

Napoléon ! Il n'eut pas plutôt prononcé cette exclamation, que tous les bras se levèrent sur lui : sans l'intervention de notre commandant il aurait été massacré, et l'on ne consentit à le rendre, que sur la promesse formelle que fit M. Morel de le faire punir sévèrement. Effectivement, le lendemain matin, ayant été condamné à la bastonnade, il reçut, en présence de la garde assemblée, cinquante coups de bâton.

Il était cruel pour le pauvre diable de recevoir cette correction pour une chose qui lui était peut-être échappée involontairement, mais ce châtiment devenait nécessaire pour maintenir la bonne harmonie entre le bourgeois et le militaire.

Une justice à rendre à M. Morel, c'est qu'il employa tous les moyens possibles pour adoucir cette punition ; néanmoins, pour satisfaire à ce qu'exigeait une apparence de sévérité, le coupable, ou comme on voudra le qualifier, resta en prison pendant tout le temps que nous passâmes encore à Oyalaxara.

Je possédais, sans me flatter la confiance du commandant Morel, et la seule preuve que je puisse en donner, c'est que, quand il s'agissait d'une mission délicate, c'était toujours moi qu'il en chargeait.

Huit jours après la fête dont je viens de parler, il me fit venir pour me remettre une dépêche qu'il fallait porter à Madrid au comte d'Egante, colonel des gardes wallonnes, il paraît que cette dépêche était extrêmement pressée et importante, car il était onze heures du soir quand je me mis en route : l'heure à laquelle je partais était marquée, et celle où je devais la remettre l'était aussi.

Ce qu'il n'y avait pas de très agréable pour moi dans cette circonstance, c'est que le chemin de Oyalaxara à Madrid, qui est d'à peu près 12 lieues, étant infesté de bandits, je courais le risque d'aller porter ma dépêche chez Pluton, au lieu de la remettre au comte d'Egante, s'il avait plu à messieurs les brigands de me dépêcher pour l'autre monde.

Rassuré ou non, je n'en arrivai pas moins au but de ma mission, sans éprouver rien de fâcheux, si ce n'est la rencontre de trois individus d'assez mauvaise mine, qui, me voyant armé, pensèrent sans doute que le meilleur parti qu'ils avaient à prendre était de me laisser passer tranquillement mon chemin.

Etant arrivé à onze heures du matin à Madrid, et ayant été obligé d'attendre la réponse, je profitai de ce temps pour aller voir de mes anciens camarades que je n'avais pas vus depuis fort longtemps; je revis aussi une ancienne maîtresse, nommée Francisca, que j'avais connue à Cadix, et chez laquelle je me rendis en attendant que mon ordonnance fût prête.

A quatre heures je me remis en route, et, me trouvant extrêmement fatigué, je fus chez l'alcade, auquel je dis que j'étais d'ordonnance, et que je le priais de me désigner un endroit où je puisse passer le reste de la nuit à me reposer. M'ayant donné un billet de logement pour aller loger à la *posada* ou auberge, j'y allai, et y étant resté jusqu'à deux heures du matin, je partis avec trois paysans qui suivaient le même chemin que moi, et qui m'offrirent de faire route ensemble ; profitant de ce que j'étais armé, et de l'appui que j'aurais pu leur donner en cas d'attaque, j'acceptai volontiers. Chemin faisant, ils me montrèrent un passage extrêmement dangereux pour les voyageurs, et où l'un d'eux, huit jours auparavant, avait été attaqué ; j'avais aussi appris à Madrid que, positivement au même endroit, pendant la nuit qui précéda celle de mon départ, on avait assassiné deux voyageurs ; je fus donc très satisfait d'avoir trouvé de la compagnie pour continuer ma route. Au point du jour, notre chemin n'étant plus le même, nous nous quittâmes.

Après avoir marché une partie de la matinée, comme j'avais très soif, je m'adressai, pour avoir à boire, à des paysans qui étaient à travailler au milieu d'un champ : ils me refusèrent d'abord ; alors il me vint à l'idée, en insistant, de leur dire que je venais de Madrid, porter la nouvelle de l'entrée de Ferdinand VII en Espagne. Je n'eus pas plutôt lâché ces paroles, qu'ils changèrent tout à coup ; ils m'accablèrent d'égards, et un d'eux étant allé chercher une peau de bouc remplie de vin, il me l'offrit en me disant : *Buenno buvé un trinquo*, ce qui signifie : *Tu es un bon enfant, bois un coup*. Je ne me fis pas prier, à ce que l'on doit bien penser ; et quand je voulus m'en aller, j'eus toutes les peines du monde à me débarrasser d'eux.

La ruse que je venais d'employer me fut fort utile, en ce qu'elle me servit à obtenir ce que je désirais ; c'est ce qui fait que je ne m'en repens pas ; d'ailleurs, il pouvait fort bien arriver que j'eusse dit la vérité sans m'en douter, et que ma dépêche contînt cette nouvelle.

Étant arrivé à dix heures du matin, je m'empressai de porter ma réponse au lieutenant-colonel ; il me félicita sur ma célérité, et, voulant m'en témoigner sa satisfaction, m'ayant donné le lendemain divers objets d'habillement et un douros, j'estimai que mon voyage m'avait valu au moins quarante francs.

Quinze jours après, tout le détachement partit pour se rendre à Madrid, et afin d'y arriver dans la tenue la plus propre, l'on nous fit séjourner à Carramantilariva pour nous préparer.

J'éprouvai, dans cette occasion, un bien grand embarras. On se rappelle que lorsque j'avais été, quinze jours auparavant, à Madrid, j'avais renouvelé connaissance avec une certaine Francisca, et, tout justement comme nous défilions en entrant dans la ville, je l'aperçus à côté de moi, me faisant un signe qu'il aurait fallu être aveugle pour ne pas voir ; j'avoue que je n'étais pas fort satisfait de cette marque d'amitié de mon ancienne conquête, attendu qu'Angelma, ma sultane favorite, qui était derrière moi, avait tout vu, et malgré que je ne tinsse pas à Francisca, je ne savais comment me tirer de là, l'ayant aperçue qui nous suivait. Lorsque nous nous arrêtâmes pour faire halte, mon embarras redoubla, car je ne savais comment éviter la conversation ; alors, tout en ayant l'air de ne penser à rien, je me mêlai dans la foule, et déjà je m'applaudissais d'avoir réussi, quand le diable, qui venait se mêler de toutes mes affaires, vint détruire mon enchantement.

L'individu avec lequel j'avais eu un duel à l'occasion d'Angelma, avait reconnu Francisca qui me cherchait, comme nous n'étions pas cousins ensemble, et qu'il m'en voulait toujours, il saisit cette occasion pour me susciter des désagréments, ce à quoi il ne réussit que trop bien, aidé de Francisca, qui se trouvait piquée de ce que je lui avais donné une remplaçante. Je ne citerai qu'un fait qui prouve la méchanceté de cet individu, et qui suffira pour montrer jusqu'où il la portait.

Etant dans mon logement avec Angelma, il vint m'appeler en me criant de toutes ses forces : « Caporal ! descendez ; Francisca vous demande. » Je descendis ; mais ayant vu mon individu, Francisca et cinq ou six autres personnes qui suivaient la route de Madrid, je me retirai. Quand je fus remonté, je trouvai Angelma en pleurs ; le coup lui avait porté au cœur, et j'eus toutes les peines du monde à lui faire entendre raison.

Le lendemain matin nous fîmes notre entrée dans Madrid, et, vus en masse, nous présentions un fort beau coup d'œil ; aussi se porta-t-on sur nos pas pour admirer nos brillants uniformes.

Ce fut dans la caserne Saint-Fernando qu'on nous envoya ; et comme nous devions rester assez longtemps à Madrid, je m'occupai de chercher du travail, et je réussis au-delà de mon attente ; car étant à me promener dans une des rues de Madrid avec un de mes camarades, nous fîmes tout justement la rencontre d'un individu qui était boulanger chez sa mère, et il nous apprit qu'il rentrait de France où il était resté comme prisonnier pendant trois ans. Lui ayant appris que j'étais aussi boulanger, il m'offrit de m'occuper, ce que je me hâtai d'accepter.

Ayant obtenu la permission qu'il me fallait, j'entrai chez don Antonio pour faire du pain à la manière française ; mais comme pour le prix qu'on me payait, je devais avoir de la reconnaissance, j'aidais les autres à faire le pain espagnol, ce qui parut lui faire plaisir.

Un des anciens ouvriers, qui travaillait depuis longtemps dans la maison de mon nouveau patron, ayant conçu de la jalousie contre moi, cherchait tous les moyens possibles de me nuire dans son esprit ; voyant qu'il ne pouvait réussir de cette manière, il en employa une autre ; alors devenant insolent à mon égard, sa grossièreté ne me convenant pas du tout, je crus devoir prévenir don Antonio que, s'il ne le faisait cesser, je serais obligé d'employer des moyens qui ne lui conviendraient peut-être pas, et même de chercher de l'ouvrage ailleurs: sur-le-champ, celui-ci ayant été trouver l'Espagnol lui fit de sanglants reproches sur sa conduite à mon égard, à quoi ayant répondu qu'étant un Français, il n'y avait pas tant de ménagements à prendre envers moi, don Antonio allait lui faire un mauvais parti, si je ne me fusse mis en devoir de l'en empêcher, car ayant été chercher son sabre, il voulait le lui passer au travers du corps, tant il était outré; j'eus toutes les peines du monde à en venir à bout, et si j'eus, dans cette circonstance, le regret d'être cause de cette scène, d'un autre côté j'éprouvai une satisfaction bien grande à entendre don Antonio rendre hommage à la manière dont il avait été traité en France, pendant le temps qu'il y avait été prisonnier de guerre, et, entre autres choses, en ordonnant à l'autre de sortir de chez lui, il lui disait: *Fuis, malheureux! Tu oses maltraiter chez moi un Français; songe que pendant tout le temps que j'ai été chez eux, j'en ai toujours été bien traité, et que, par reconnaissance, je jure de prendre leur défense toutes les fois qu'il sera nécessaire.*

Après cette querelle, il fit tout ce qu'il était

en son pouvoir pour me faire oublier le désagrément qu'elle avait pu me causer, et, une
justice à lui rendre, c'est que ce qu'il disait, on
pouvait être certain qu'il le pensait au fond du
cœur. Bien souvent j'ai eu occasion de lui entendre dire que la France était pour lui une
nouvelle patrie, et qu'il voulait y finir ses jours ;
il faut dire aussi qu'il m'avait fait la confidence
que l'objet de ses amours était à Châlons, et
qu'il y pensait toujours.

J'avais pris dans la ville, rue de Tolède, un
logement pour moi et Angelma, et au moyen
de ma permission, je vivais plutôt comme un
bourgeois que comme un militaire ; seulement,
quand mon tour de service arrivait, j'étais
obligé de payer un de mes camarades pour le
faire ; mais comme je gagnais fort bien ma vie
chez don Antonio, et que ma maîtresse travaillait aussi de son côté, nous étions parfaitement
heureux et tranquilles.

Mon plaisir était souvent, pour me récréer,
comme elle était fort bonne musicienne et
possédait plusieurs instruments, de la faire
chanter, en s'accompagnant soit sur la guitare,
soit sur le forté-piano, ce qu'elle faisait avec
la plus grande complaisance.

L'entrée du roi Ferdinand VII à Madrid fut an-

noncée comme devant avoir lieu très prochaine-
ment : on prit les dispositions nécessaires pour
le recevoir d'une manière digne de lui. Enfin,
ce jour étant arrivé, la troupe fut sous les armes ;
et, ayant été placé près de l'endroit où il devait
mettre pied à terre en arrivant au palais, je le
vis parfaitement, malgré la foule qui se pressait de toutes parts pour l'approcher, et je puis
assurer qu'il fut, pour ainsi dire, monté dans
ses appartements, tant le nombre de personnes
qui l'entouraient mettaient d'empressement à
le recevoir. C'était à qui lui présenterait des
placets, et pendant tout le chemin qu'il avait
fait dans sa voiture on n'avait cessé de lui en
remettre et même de lui en jeter. L'enthousiasme était général et porté à son comble;
enfin, c'était un véritable jour de fête pour
tout le monde.

Ne voulant pas entrer dans le détail de tout
ce qui se passa dans cette journée, je reviens à
ce qui me concerne ou, du moins, qui peut
avoir rapport à mes Souvenirs.

La rentrée du roi ayant été signalée par une
foule de grâces, la délivrance de Duquesne et
de ses six camarades fut comprise dans le
nombre. On se rappelle qu'ayant cherché à
s'évader pour tâcher de rentrer en France

ils avaient été repris; ils auraient dû être fusillés, mais, par une première faveur, ils devaient rester en prison jusqu'à la paix. Cet événement leur rendit la liberté, et j'eus la satisfaction de pouvoir les embrasser et de me réjouir avec eux de ce qui leur arrivait.

Quelques jours après que le roi fut remonté sur son trône, il rendit une ordonnance portant que tous les Français et autres étrangers qui avaient pris du service dans les gardes wallonnes et qui n'avaient pas reçu d'engagement pourraient se considérer comme libres et rentrer dans leurs foyers; mais que ceux qui s'étaient engagés seraient obligés de faire leur temps. Comme je n'avais pris du service que comme volontaire, je fus rangé dans la première classe et, par conséquent, je recouvrai ma liberté.

Cette ordonnance, qui me causa la plus grande joie, arriva tout justement au moment où je faisais des démarches assez actives pour obtenir une permission afin de me rendre auprès du bon señor don Rodriguès, auquel j'avais envoyé, pendant mon séjour à Madrid, le détail de tout ce qui m'était arrivé depuis mon départ de chez lui. Comme il m'avait écrit en m'engageant de faire tout mon possible pour obtenir une permission pour aller passer quelque temps chez lui, me marquant que sa maison me serait toujours ouverte, et que, si je n'avais pas d'argent, je n'avais qu'à me présenter chez une personne qu'il me désigna, et que l'on me donnerait tout ce dont j'aurais besoin, et que, du reste, je ferais plaisir à toute sa famille, voire même à l'aveugle, voilà pourquoi je sollicitais une permission ; mais, n'en ayant plus besoin, puisque j'étais libre, malgré tout le plaisir que j'aurais pu éprouver à revoir don Rodriguès et sa famille, l'envie de rentrer dans ma patrie l'emporta sur tout ; je fis, en conséquence, mes apprêts pour mon voyage.

Avant de quitter don Antonio, qui en éprouvait beaucoup de regret, il me remit une lettre pour faire pervenir à sa maîtresse qui était à Châlons ; je l'assurai que je ferais mon possible pour que cela fût ; mais ma destination n'ayant pas été pour ce côté, je profitai d'une occasion, quand je fus rentré en France, pour la faire parvenir sûrement.

Nous étions à peu près soixante Français qui devions rentrer dans notre patrie ; mais ne devant nous considérer comme parfaitement libres que quand nous aurions atteint la frontière, l'on nous donna donc une escorte pour nous y conduire, et nous ne fûmes pas trop maltraités en route : nous recevions le logement et le pain, et l'on nous avait donné à chacun un peu d'argent avant de quitter Madrid.

Ce fut le 15 décembre 1814 que nous en partîmes. Comme j'avais emmené Angelma avec moi, arrivés à Burgos, je fis des démarches auprès des autorités afin d'avoir ses papiers de famille et ses titres de noblesse : on me dit qu'ils avaient été retirés quelque temps auparavant par son frère, qui était établi médecin à Palençia, ce qui la contraria beaucoup ; ca r, si elle avait pu les avoir, elle serait rentrée dans 5 ou 6.000 réaux qui lui appartenaient, et moi même j'en fus fort fâché pour elle, ayant acquis la certitude auprès des personnes chez qui elle avait été élevée, qu'elle était réellement d'une bonne famille.

Elle me tourmenta beaucoup pour que nous allassions trouver son frère à Palençia ; mais, comme je n'étais pas marié avec elle, j'ignorais s'il me recevrait bien, et, en outre, connaissant le danger qu'il y avait à courir sur les routes dans cette partie de l'Espagne, en conséquence je refusai net, au grand mécontentement d'Angelma.

J'avais, d'ailleurs, des raisons qui, à mes yeux me semblaient plus fortes que les siennes; il me tardait de rentrer en France, et chaque minute de retard me semblait un siècle.

De Burgos nous allâmes à Vittoria, et de là à Héron, qui est la dernière ville d'Espagne avant la frontière, et ce fut là aussi que notre escorte nous quitta. Je trouvai parmi ceux qui la composaient un caporal qui, lors de l'affaire de Baylen, où j'avais été fait prisonnier, avait pris une part assez active à son résultat. La conversation étant tombée sur ce point, je dis en sa présence que j'espérais bien ne pas y remettre les pieds de si tôt; alors il m'apprit qu'il s'y était trouvé au moment où les soldats blessés avaient été égorgés à Mansanarès ; il rapporta, à la honte des paysans espagnols, qu'ils s'étaient glorifiés, après l'action, d'avoir contribué au massacre qui fut fait, et d'avoir tué plus de Français que lui.

Nous trouvâmes à Héron que le pont avait été détruit par les Espagnols, afin d'empêcher les Français d'entrer en Espagne, lors de la guerre ; ce n'aurait pu être un bien grand obstacle pour la plupart de nous ; mais, comme il y avait des barques pour passer en attendant qu'on rétablît le pont, nous en profitâmes.

C'est ici que nous commençâmes à respirer

et à jouir du bonheur d'être libres. Quant à moi depuis près de huit ans que j'avais quitté la France, je ressentais une émotion indéfinissable en mettant le pied sur le sol français, et il est impossible de se faire une idée des sensations que j'éprouvais en ce moment.

Ce jour heureux était tout justement le 1er janvier 1815, et je l'ai toujours considéré depuis comme le plus beau de ma vie.

Angelma n'éprouva pas un plaisir moins vif que le mien quand nous entrâmes en France; il est de fait que rien ne pouvait lui faire regretter l'Espagne : la catastrophe qui l'avait privée de son père était encore trop récente, pour que la haine qu'elle portait à son pays depuis ce moment eût pu s'affaiblir. Nous ne prévoyions pas alors que nous étions si près de nous quitter; c'est ce que je rapporterai bientôt en faisant connaître les circonstances qui amenèrent notre séparation.

Arrivés à Bayonne, l'on nous donna des billets de logement pour aller loger chez les bourgeois; mais ceux-ci préféraient nous loger à l'auberge, ce qui nous arrangea tous, car, ayant profité de cette aubaine, nous fêtâmes notre rentrée en France avec ce que l'on nous donna.

Nous séjournâmes deux jours à Bayonne à l'effet de recevoir une destination, ainsi que des feuilles de route; moi et cinq de mes camarades nous fûmes désignés pour le 27ᵉ régiment de ligne qui était en garnison à Angers.

Comme j'avais une grande protection à attendre de M. Molard, qui avait été, comme on sait, mon ancien colonel, j'appris à l'état-major qu'il avait été fait général de brigade, mais qu'il avait malheureusement été tué à l'affaire de Wagram.

Je n'appris pas cette triste nouvelle sans éprouver le plus vif chagrin, non pas à cause de la perte que je faisais par sa mort, mais bien à cause de l'attachement que j'avais pour lui : je lui devais, d'ailleurs, beaucoup de reconnaissance, et j'aurais bien désiré pouvoir la lui témoigner.

Comme, avec nos feuilles de route, l'on nous donnait trois sous par lieue, nous forcions tant que nous pouvions notre marche : arrivés à Dax, il existe une source d'eau bouillante d'autant plus remarquable que, lorsque cette eau est refroidie, les habitants s'en servent comme boisson ordinaire. Quand nous allâmes dans nos logements, nous tâchâmes que l'on nous fît la même chose qu'à Bayonne; cela nous ayant réussi, nous fûmes disposés à continuer notre route pour aller plus loin; mais comme nous ne pouvions être aussi heureux et aussi promptement satisfaits les uns que les autres, j'arrivai avec Angelma le premier, à une auberge en sortant de la ville, qui devait être le lieu de notre rendez-vous. Quelle fut ma surprise quand celui qui tenait cette auberge, m'ayant demandé si je ne sortais pas de Cabréra, et lui ayant répondu affirmativement, me sauta au cou. Je ne savais à quoi attribuer la joie qu'il paraissait éprouver en me voyant, et le priai de vouloir bien me dire ce qui pouvait l'occasionner; il me répondit qu'il s'appelait Larieux : à ce mot, je reconnus de suite un de nos anciens camarades qui avait été un de mes meilleurs amis et qui s'était échappé de Cabréra dans une barque de pêcheurs.

Je n'avais pu, d'abord, le reconnaître, attendu que lorsqu'il y était (en sa qualité de caporal de sapeurs), il portait une longue barbe qu'il avait coupée depuis.

Après lui avoir raconté substantiellement ce qui m'avait procuré ma liberté, je lui annonçai que plusieurs de nos compagnons allaient arriver; en effet, ils ne tardèrent pas à le faire : alors il nous apprêta de suite un fort bon repas et fit toutes sortes d'honnêtetés avec une franchise vraiment digne d'éloges.

En quittant de chez lui nous nous dirigions sur Bordeaux, en passant par Mont-de-Marsan, quand nous fîmes la rencontre de deux gendarmes qui, nous voyant assez mal équipés, nous demandèrent nos papiers ; les leur ayant exhibés, ils les trouvèrent parfaitement en règle quant à nous ; mais comme ils ne faisaient nullement mention d'Angelma, ils s'informèrent avec qui elle était ; je répondis que c'était avec moi, qu'elle était ma femme, et que je n'avais pas mon acte de mariage pour le leur montrer, l'ayant oublié en Espagne.

Tout allait bien jusque-là, quand un de mes compagnons de route, un de ces êtres qui ne se plaisent qu'au mal, eut la méchanceté de dire que je n'étais pas marié ; alors les gendarmes voulurent emmener Angelma, qui était déjà tout en transes et versait des pleurs. Je cherchais à m'opposer à ce qu'ils l'emmenassent par tout ce qui était en mon pouvoir, lorsqu'il survint un autre de nos camarades qui se rendait à Bordeaux, et qui ayant démenti celui qui avait dit que je n'étais pas marié, les gendarmes nous laissèrent aller ; sans cela j'aurais été forcé, ne voulant pas abandonner ma maîtresse, à laquelle j'étais réellement attaché, de les accompagner jusqu'à Mont-de-Marsan, pour m'expliquer avec les autorités.

Ce qui m'avait valu ce désagrément, c'est qu'étant porteur de la feuille de route, il arrivait souvent qu'Angelma, lorsqu'elle était fatiguée et ne marchant pas d'ailleurs aussi vite que nous, était obligée de se reposer et de retarder notre marche ; c'est pourquoi mes camarades auraient bien désiré m'en voir débarrassé, attendu que je n'avais pas voulu leur donner la feuille de route, dans la crainte, que je devais naturellement avoir, qu'à leur tour ils ne me fissent tomber dans leur dépendance.

Comme j'étais continuellement ennuyé par leurs réclamations à ce sujet, et par les discussions qui en étaient la suite, je résolus, une fois que nous fûmes à Bordeaux, de faire les démarches nécessaires pour obtenir une feuille de route séparée pour Angelma et moi ; j'avais ensuite à aller toucher nos étapes. Je commençai donc par l'argent, et pour ma part, comme caporal, je reçus ma paie, et plus une gratification de vingt-sept francs, ce qui me remit un peu en fonds ; ensuite, je fus chez le maire, où, malgré toutes mes instances, j'eus la douleur d'éprouver un refus.

J'étais très embarrassé et dans une position très délicate avec Angelma, car, d'un côté, il était presque impossible que je continuasse à l'emmener avec moi et de traverser avec une femme, dans le plein cœur de l'hiver, toute la Vendée, où les routes sont on ne peut plus mauvaises; en outre, les tracasseries que j'éprouvais de la part de mes compagnons ajoutaient à l'embarras de ma position.

Ne sachant que faire dans une pareille circonstance, je pris conseil de mes camarades, qui me représentèrent, comme on le pense bien, les désagréments que j'avais déjà éprouvés relativement à Angelma, et ceux qui m'attendaient si je ne prenais la résolution de la quitter. Enfin leurs conseils prévalurent, et, ne voulant pas manquer à mon devoir, je me décidai à l'abandonner; mais ce ne fut pas sans avoir combattu contre tout ce qui me portait à prendre ce parti, et j'avoue qu'il m'en coûta beaucoup d'agir ainsi avec elle, car elle ne le méritait pas.

Comme je ne me sentais pas la force de lui annoncer moi-même qu'il fallait nous séparer, je préparai une lettre que je me proposais de lui faire parvenir avec un peu d'argent quand je serais déjà loin. Afin d'éviter les soupçons qu'elle aurait pu concevoir, j'eus le soin, sans qu'elle s'en aperçût, de prendre dans mon sac tout ce dont je pouvais avoir besoin, et, profitant de son sommeil, je quittai Bordeaux sans la prévenir, malgré tout le chagrin que cela me faisait.

Il fallait, pour nous rendre à Angers, faire quatorze lieues par eau. Nous prîmes la barque qui partait à heures fixes, et, comme la marée était descendante, nous fîmes en fort peu de temps le trajet qui devait me séparer d'Angelma pour toujours.

L'on blâmera peut-être ma conduite envers elle ; mais si l'on veut bien peser les raisons qui me firent agir, je ne puis manquer de trouver des personnes qui m'approuveront, et ne verront dans cette action rien de condamnable, ne pouvant d'ailleurs laisser partir mes camarades sans moi, et manquer aux principes de l'honneur en ne me rendant pas sous les drapeaux.

Arrivé à Angers, j'écrivis à Angelma pour m'excuser, et lui représenter les raisons qui m'avaient fait l'abandonner, l'assurant que sitôt qu'il me serait possible, je la ferais venir près de moi. Après quoi, me sentant un peu soulagé de lui avoir envoyé ma lettre, je me

rendis au quartier, où se trouvait caserné le
27ᵉ régiment de ligne pour lequel nous étions
désignés.

Nous vîmes que nous étions attendus, plusieurs camarades qui nous avaient devancés
ayant prévenu ceux des anciens Cabrériens qui
s'y trouvaient déjà, ce qui occasionna une
petite réunion pour fêter notre retour.

Nous allâmes ensuite, accompagnés d'eux,
chez le colonel, qui nous adressa chacun aux
chefs des compagnies dont nous devions faire
partie.

Je fus désigné pour la première compagnie
de grenadiers ; mais ayant ressenti les atteintes
d'une maladie que j'avais déjà eue, c'est-à-dire
la gale, l'on m'envoya à l'hôpital, où je restai
pendant vingt-huit jours.

En étant sorti guéri pour toujours, j'eus, à
quelques jours de là, une affaire avec un caporal qui était alsacien, qui aurait bien pu m'y
faire retourner. Un jour que j'étais à me promener, j'eus une dispute avec lui à l'occasion
d'une femme, et, étant allé sur le terrain, j'en
fus quitte pour une légère blessure au bras, ce
dont je me contentai, l'objet qui en était la cause
ne valant pas la peine d'en rechercher davantage.

En général, les femmes jouent un grand rôle dans la vie d'un soldat ; l'habit militaire a pour elles beaucoup d'attraits, et il est rare que celui qui le porte n'en soit pas bien accueilli. Aussi, tous les moments qu'on peut dérober au service leur sont consacrés ; elles font le sujet de toutes les conversations, et sont presque toujours la cause des querelles. A peine le conscrit a-t-il revêtu l'uniforme, qu'il en ressent l'influence ; il veut pouvoir dire : *Ma femme!* tout comme un autre, et ne se sent pas d'aise lorsqu'il est parvenu à faire accueillir ses hommages à quelque vieille beauté mise à la réforme, et près de laquelle il a presque toujours l'honneur d'être le successeur du régiment entier.

Quoique je dusse ma blessure à une femme, puisqu'une femme fut la cause de ma querelle avec le caporal alsacien, néanmoins je ne rompis pas tout commerce avec elle : loin de là, comme on va le voir ; car il arriva qu'un camarade du régiment, étant un jour avec moi, la conversation tomba sur le sexe : c'est un sujet qui ne tarit jamais. Après avoir passé en revue toutes les *amourettes* du régiment, il fut question d'une petite égrillarde, dont le camarade me fit le portrait le plus piquant ; et j'eus l'occasion dans la suite de voir qu'il n'avait pas été flatté. Cette jeune et jolie fillette était servante d'un marchand de vin, ce qui ne contribua pas peu à rendre facile les moyens de nouer une intrigue avec elle, et, d'un autre côté, la maîtresse, qui passait pour avoir bon cœur et pour aimer son prochain, à ce que disait notre fourrier, n'était pas envers la servante d'une extrême sévérité, et avait pour autrui une indulgence dont, soit dit en passant, elle n'était pas sans avoir besoin pour elle-même.

Il ne me fut pas difficile de faire connaissance avec la jeune fille, à qui je fis bientôt partager mes sentiments. Mais l'embarras était de nous procurer les moyens de nous voir en liberté. Ma petite Perrette, qui consacrait ses journées au travail, n'avait que ses nuits à donner à l'amour. Beaucoup d'amants eussent trouvé la part raisonnable, et se seraient estimés très heureux de n'avoir que les moments agréables de l'amour sans en avoir les corvées; et, en effet, avec elle il n'y avait ni promenades forcées, ni aucun acte de complaisance à faire, puisqu'elle ne sortait jamais. Eh bien! ce qui peut-être eût fait plaisir à un autre, me contrariait au-delà de toute expression. Qu'on se rappelle que j'étais militaire, et que, comme tel, je couchais à la caserne, où j'étais assujéti à un appel et à un contre-appel, qui se faisaient régulièrement, ensuite, que toute issue étant fermée, il me devenait impossible de sortir. Je me trouvais alors, à l'égard de ma maîtresse, dans la position d'un gourmand mis par le médecin à une diète forcée, et qui, pendant que chacun mange autour de lui, voit emporter, sans pouvoir y toucher, son mets favori, préparé pour lui.

Nous étions casernés à *l'Académie*, vieux château s'il en fût jamais. C'était là que chaque soir je me donnais à tous les diables pour trouver un expédient qui pût me procurer les moyens de voir ma belle ; et plus j'y songeais, plus la chose me paraissait difficile. Enfin j'aurais probablement renoncé à mes projets et à ma maîtresse sans un camarade, qui, touché de mes lamentations continuelles, me tira d'embarras.

C'est ici le lieu de faire remarquer que le soldat français est naturellement obligeant envers ses camarades et exempt d'égoïsme. S'il lui arrive quelque chose d'heureux, il s'empresse d'en faire jouir chacun ; il rend volontiers service, et l'amitié ne l'implore jamais en vain.

J'ai déjà dit que notre caserne était un vieux château qui ressemblait beaucoup à ceux dont on lit la description dans les anciens romans. On y trouvait aussi des souterrains, qui avaient leur utilité aussi bien que ceux dont il est parlé dans les vieilles chroniques, avec cette différence pourtant que ces derniers servaient presque toujours à retenir prisonnière la *vertu malheureuse, innocente et persécutée*, tandis que les nôtres procuraient la liberté à ceux qui les avaient découverts. Le camarade dont j'ai parlé plus haut me fit promettre le secret, et me conduisit sous une voûte connue de fort peu de personnes, et qui se prolongeait jusqu'au bord de la rivière. Ma joie fut grande quand je vis à ma disposition ce moyen de communiquer librement à l'extérieur, et je me promis d'en profiter le plus souvent possible.

Aussi n'y manquai-je pas. A peine, chaque nuit, le contre-appel était-il fait, que je sortais du lit, et m'habillais en tapinois, n'oubliant pas mon sabre, complément nécessaire de la toilette d'un militaire, surtout lorsqu'il s'échappe du quartier pour aller courir les rues pendant la nuit. Je m'acheminais alors avec précaution vers le souterrain, au moyen duquel je me procurais quelques heures de plaisir.

Ce passage, on le pense bien, n'était pas connu de moi seul ; et il me fut facile de m'en apercevoir, car j'y fis plusieurs rencontres ; mais, dans ces circonstances, le silence le plus profond étant observé de part et d'autre, et le lieu étant extrêmement sombre, je n'avais pas à redouter d'être découvert ; d'ailleurs, crainte d'événement, j'avais toujours la main sur la poignée de mon sabre : il est bon d'être préparé à tout. Arrivé à l'issue du souterrain, je me trouvais au bord de la rivière : là venait aboutir, hors de la ville, une promenade publique, bien silencieuse et bien triste pendant la nuit, et qu'il me fallait parcourir, ainsi que bien d'autres détours, avant d'arriver auprès de ma belle ; mais plus un militaire amoureux a d'obstacles à franchir, et plus son ardeur redouble : l'homme est fait de telle sorte que sa volonté grandit à proportion des résistances qu'il rencontre ; elle le maintient à la hauteur, et finit par lui faire surmonter tout ce qui lui est opposé. Je nourrissais depuis longtemps le désir de voir librement ma belle ; j'en avais trouvé le moyen : rien n'aurait pu m'arrêter.

Il m'arriva souvent, dans la suite, de rencontrer des patrouilles, mais je m'arrangeais toujours de manière à n'en être pas aperçu, car

de tous les dangers, c'était celui que je craignais
le plus. J'avais de bonnes raisons pour cela :
mon capitaine, qui n'entendait pas raillerie sur
le chapitre des fredaines, m'aurait puni très
sévèrement. Mon exactitude à remplir mes
devoirs militaires n'aurait été d'aucun poids
dans la balance; j'étais en faute, j'aurais été
puni sans le moindre ménagement.

Il est, dit-on, un dieu pour les amants ; cependant peu s'en fallut qu'un soir je ne portasse la
peine de mes escapades.

Ma Perrette m'attendait : le contre-appel est
fait, j'ai sauté à bas du lit. Un instant a suffi
pour ma toilette, et déjà j'ai traversé le passage
souterrain. L'amant en bonne fortune a le pied
léger ; aussi je vole : ma belle guettait mon
arrivée. Nous partons, couverts des ombres
mystérieuses de la nuit, brûlants d'amour et
remplis des idées les plus riantes, qu'enfantait
l'attente du plaisir et la présence de l'objet aimé.
Jusque-là tout allait bien. Nous arrivons à
la maison où nous passions habituellement la
nuit ; la porte est ouverte : mais, hélas! le
fâcheux contre-temps! je me trouve tout à coup
en face de trois de mes officiers. A cette vue, je
l'avoue, je me déconcertai, et ma pauvre amie,
tremblante, remplie d'effroi et de honte, rou-

gissait et pâlissait tour à tour. L'un de ces messieurs, lieutenant dans le régiment, me demanda brusquement ce que je venais faire dans ces lieux à pareille heure, et par où j'étais sorti. Je lui dis que j'avais profité du moment où la sentinelle avait le dos tourné pour m'échapper ; que je m'étais glissé le long du mur, et que j'avais été assez heureux pour ne pas être aperçu ; que, quant à ce que je venais faire dans la maison où nous nous trouvions, la chose n'avait pas besoin d'explications. Alors un autre officier m'intima l'ordre de rentrer au quartier, et il me prévint qu'il irait s'assurer lui-même si j'étais dans mon lit. Le lieutenant, qui inclinait en ma faveur, le fit voir alors ouvertement ; il dit à l'officier qui m'avait ordonné de me rendre au quartier : « Songe que c'est un bon soldat : cet homme a été avec moi à Cabréra ; c'est un brave militaire qui n'a jamais fait parler de lui. » Ensuite, se tournant vers moi, il ajouta : « Ainsi, mon brave, restez ; mais surtout n'oublions pas les devoirs et la sagesse. »

Pour moi, voyant que les opinions étaient partagées je dis à mes officiers que, puisqu'ils n'étaient pas d'accord, j'allais me retirer. Alors je fis à la dérobée, à ma compagne, un signe qu'elle comprit parfaitement, et sortant de la maison par la boutique où la scène se passait, j'y rentrai par l'allée si adroitement, que personne ne s'en aperçut. Par cet expédient je contentai tout le monde, et cette nuit ne fut pas moins agréable pour moi que les précédentes, quoique j'eusse été menacé un instant d'être privé de ses plaisirs. Il me sembla même que les désagréments auxquels je venais d'échapper, et la manière dont j'avais trompé la vigilance des officiers, donnait plus d'attrait et de piquant à la sémillante Perrette.

Je continuai de mener le même train de vie pendant environ un mois. Je ne manquais jamais de me trouver à mon poste le matin, en sorte qu'on ne s'apercevait de rien.

Peu à peu le fourrier dont j'ai parlé déjà, et la marchande de vins, sa maîtresse, s'étaient familiarisés avec moi, en sorte qu'il nous arrivait quelquefois de faire la partie carrée. J'aurais passé mon temps assez agréablement sans les exercices militaires auxquels nous étions astreints chaque jour.

Il était un peu dur pour nous, anciens militaires, d'aller à l'exercice comme des conscrits; c'est cependant ce qui nous arriva, et j'eus le bonheur, dans cette circonstance, de ne pas plaire à mon capitaine, qui, ayant trouvé que

j'exécutais mal quelques mouvements, m'honora
par la suite de toute sa haine, ainsi quon
le verra.

Le régiment ayant reçu l'ordre de se diriger
sur Paris, je fus charmé de cela, attendu que je
désirais revoir d'anciennes connaissances que
j'espérais y retrouver.

Nous allions entrer à Tours, lorsqu'à une lieue
de la ville nous fûmes reçus par la garde na-
tionale, qui était venue à notre rencontre :
arrivés sur les promenades, on nous lut une
proclamation qui nous apprenait le débarquement de Bonaparte, et par laquelle on nous
exhortait à servir fidèlement le roi, ensuite on
nous délivra nos billets de logement pour aller
chez les bourgeois.

Après quelques recherches, je retrouvai, pendant le séjour que nous fîmes à Tours, un ancien camarade de Cabréra, que je savais devoir
y rencontrer en semestre chez son père, d'après
ce que l'on m'avait dit ; et après avoir renouvelé connaissance, nous ne nous quittâmes
qu'au moment où le régiment se remit en route.

Comme il était resté à Cabréra un des derniers,
il me raconta que, quelque temps après mon
départ, l'on avait fait courir le bruit que nous
allions avoir la paix, ce qu'ils crurent facilement,

car à compter de cette époque on leur fit éprouver moins de tourments, et leurs souffrances di-
minuèrent; enfin que, le 16 mai 1814, des bâtiments français étant arrivés dans l'île, on les
avait embarqués pour Marseille au nombre de
trois mille, sur dix-neuf mille à peu près qui
étaient entrés dans l'île de Cabréra, et là ils
avaient appris le retour des Bourbons.

Il me dit encore que, lorsqu'on leur annonça
qu'ils allaient être libres, cette nouvelle avait
failli les rendre fous, et qu'ils avaient mis le
feu aux baraques et aux haies qui entouraient
nos jardins, et que tout brûla aux cris de : *Vive
la France, vivent les Bourbons !*

Les pauvres Cabrériens, arrivés à Marseille,
furent obligés de faire quarantaine, comme cela
se pratique toujours; mais dans l'intervalle de
cette quarantaine, on fit courir le bruit que
tous les prisonniers de Cabréra allaient être
reconduits dans les îles, pour y reprendre du
service; cette nouvelle avait pris tant de consistance dans Marseille, qu'on la regardait déjà
comme positive. Qu'on juge de leur douleur et
de leur désespoir en apprenaut cette fâcheuse
nouvelle ! il semblait qu'un esprit infernal était
attaché à les poursuivre et empoisonner le
reste de leur vie. « Eh quoi ! disaient-ils, à peine

avons-nous touché le sol de la France, à peine avons-nous revu notre belle patrie, après une si longue absence passée au bord de la tombe, dans de cruelles angoisses et dans de pénibles souvenirs, nous sommes encore condamnés à nous éloigner pour toujours de notre pays, sans avoir embrassé nos pères, nos mères, nos frères, nos sœurs et tout ce qui nous est cher, sans avoir respiré l'air natal, si nécessaire à notre bonheur, et sans avoir épanché dans le cœur de nos parents les cruelles douleurs de notre longue captivité! Oh non! plutôt mourir ! » Tandis qu'ils se lamentaient de la sorte, des génies bienfaisants veillaient sur eux, et les femmes marseillaises, dans cette circonstance, firent preuve des bons sentiments qui ont toujours animé les enfants de la riante Provence; elles se liguèrent entre elles. « Ces malheureux, se dirent-elles, dont seize mille d'entre eux sont morts de faim dans une île déserte, où ils ont été esclaves pendant plus cinq ans, privés de leur famille et de toutes les douceurs de la vie, iront-ils finir leurs jours dans un désert éloigné du pays qui les a vus naître? Ouvrons-leur les portes, qu'ils aillent recevoir des consolations dans le sein de leurs familles, et que l'étranger gémisse seul des maux qu'ils leur ont fait souffrir. » Les portes furent aussitôt ouvertes ; chacun se sauva de son côté. Tous les Provençaux contribuèrent de leurs bourses et de tous leurs moyens pour les Cabrériens, et chacun d'entre eux, tirant de son côté, sa casa bien ou mal.

Quand nous fûmes à Blois, où nous espérions coucher, l'on nous distribua du vin et l'on nous donna à chacun cinquante centimes, en nous engageant à poursuivre notre route, afin de nous hâter de nous rendre à Paris, et empêcher Napoléon d'y entrer ; ce que l'on nous fit faire après nous être reposés quelques heures.

Je touche à une époque où les événements qui se succédaient avec rapidité sont trop connus pour que je cherche à les rapporter, et, malgré l'exactitude que je pourrais mettre à le faire, j'aime mieux en laisser la tâche à ceux qui ont entrepris d'écrire sur les circonstances politiques qui occupaient alors l'univers entier.

Je dirai seulement que quand nous arrivâmes à Orléans, le 21 mars 1815, nous y trouvâmes une confusion générale occasionnée par les troupes qui étaient dans la ville et ses environs, et dont le nombre pouvait s'élever à plus de quarante mille hommes, et que l'on fut obligé, en attendant que l'ordre fût rétabli, de fermer les portes pendant trois jours.

Profitant de ce que le régiment devait se rendre à Paris, je demandai au colonel la permission de devancer le régiment, et il me l'accorda, à condition que je le rejoindrais à son arrivée dans la capitale.

Un de me premiers soins fut de me rendre chez Véronique, que le lecteur n'a sans doute pas oubliée ; mais, à mon grand désappointement, j'appris qu'elle était mariée ; alors, autant par discrétion que pour éviter les désagréments qui auraient pu résulter pour elle de ma visite, je bornai là toute démarche. Comme le temps avait déjà amorti l'amour que j'avais pour elle, et qu'un bon soldat doit prendre son parti en brave, je ne tardai pas à me consoler de cette fâcheuse nouvelle.

Je passe sous silence l'emploi que je fis de mon temps pendant les trois jours de bon que j'eus à rester en attendant l'arrivée du régiment ; je le rejoignis à la barrière de Fontainebleau, où on nous dissémina chez les bourgeois, qui nous logèrent pendant une dizaine de jours ; ensuite on nous fit entrer dans Paris, où nous fûmes casernés au quartier Popincourt.

Comme l'on accordait des permissions à quelques soldats dont les parents résidaient dans des endroits peu éloignés de Paris, je profitai de la circonstance pour en demander une pour aller voir les miens ; je m'adressai d'abord à mon capitaine, dont on sait que je n'avais pas mérité l'amitié ; aussi me la refusa-t-il, ce qui me chagrina beaucoup.

A l'exception de la Garde impériale, il n'y avait dans toute l'armée que notre régiment où l'on ait continué de porter des queues, ce qui, fort souvent, occasionna des querelles entre nous et les soldats de la Garde. Un jour que trois de nos camarades étaient à se promener, ils furent rencontrés par six de ceux qui se croyaient exclusivement le droit de porter queue ; l'un d'eux ayant dit en ricanant et assez haut pour être entendu : « Voilà des queues que nous couperons ; » cette insulte étant trop grave et trop mal adressée (les soldats de chez nous étaient deux maîtres d'armes et un prévôt), il s'ensuivit de part et d'autre des apostrophes, à la suite desquelles on alla sur le terrain, et deux soldats de la garde furent blessés dans cette occasion.

Comme personne n'était disposé à céder et à abandonner ses prétentions, le lendemain fut choisi pour avoir plus ample explication, et il se trouva au rendez-vous une quarantaine de champions, dont beaucoup furent blessés et envoyés à l'hôpital, ce qui fit qu'on découvrit la cause de la mésintelligence qui régnait entre les différents corps, et que l'on défendit aux militaires de toutes armes, sous peine des punitions les plus sévères, de chercher querelle à l'avenir, sous quelque prétexte et pour quelque motif que ce soit, à leurs camarades des autres régiments, qu'ils devaient, du reste, considérer comme leurs frères.

Ayant changé de caserne pour aller à celle de la Courtille, l'on nous annonça que nous allions être passés en revue par l'empereur, qui était remonté sur le trône ; et, en effet, le lendemain, après avoir défilé à peu près quarante mille hommes devant lui, nous partîmes pour Laon.

A la première halte qui se trouve entre Dammartin et la Patte-d'Oie, comme nous allions passer près du lieu où habitaient les auteurs de mes jours, éprouvant la plus vive envie de les embrasser, je réitérai la demande que j'avais faite d'une permission ; mais cette fois je ne m'adressai pas à mon capitaine, qui, comme on sait, me l'avait déjà refusée : ce fut à mon commandant.

Lui ayant fait valoir toutes les raisons qui me faisaient désirer de revoir mes parents après huit ans d'absence, d'autant plus que peut-être ce serait pour la dernière fois, il me l'accorda verbalement, en me disant d'en faire part à mon sergent-major, à condition que dans cinq jours je rejoindrais le régiment à Laon.

L'on pense bien que je ne me le fis pas répéter deux fois ; je me mis de suite en route, et je mis tant de diligence dans ma marche, que le lendemain, qui se trouvait être un dimanche, j'arrivai à cinq heures et demie du soir.

Je me rendis aussitôt à la maison de mon père, où je ne trouvai qu'une petite fille, à laquelle l'ayant demandé, elle me répondit qu'il venait de sortir avec son épouse pour aller à la promenade ; je la priai de tâcher de les trouver et de leur dire qu'il y avait un militaire qui désirait leur parler ; elle y courut. Pendant ce temps, j'éprouvais une joie indéfinissable de me revoir sous le toit qui m'avait vu naître, et, après une si longue séparation, de pouvoir embrasser les auteurs de mes jours.

J'étais plongé dans cette douce émotion lorsque je vis entrer mon père : les expressions me manquent pour rendre ce qui se passa dans mon âme ; et, revenu à moi, je racontai tous mes malheurs, ensuite nous nous livrâmes au plaisir que nous éprouvions tous.

Malgré la satisfaction que j'avais de me trouver au sein de ma famille, il fallait que je son-

geasse à remplir la promesse que j'avais faite
à mon commandant. Après être resté chez mon
père deux nuits et un jour, je m'arrachai de ses
bras pour me rendre à mon devoir et malgré
toute la diligence que je fis, m'étant arrêté à
La Fère, chez un de mes amis, j'avais dépassé
d'un jour le temps de ma permission. Mon capitaine, auquel je présentai un certificat du
maire de mon endroit, qui attestait que c'était
contre ma volonté que je m'étais retardé, pour
toute réponse il m'ordonna de me rendre en
prison, attendu que j'étais déjà porté comme
déserteur. Je voulus lui faire quelques observations, mais cet homme inflexible ne voulut
rien écouter ; il me renvoya en me disant qu'il
se chargeait de mon affaire, ce dont je me
serais bien passé.

Il fallut obéir à cet ordre barbare ; et, au bout
de douze jours de captivité, m'ayant fait sortir
de prison pour passer la revue comme les autres,
mon capitaine m'annonça qu'ayant été considéré comme déserteur, j'allais être dégradé et
mis à la queue de la compagnie. Outré de fureur, je ne me connaissais plus, et quand on vint
pour me retirer mes galons, je dis au colonel
qui se trouvait présent, *que comme ils ne
m'avaient pas été donnés par le régiment, il*

n'appartenait qu'à moi de les ôter ; et j'allais les arracher et les jeter sous les pieds, quand le colonel, qui, sans doute, ne me voyait pas aussi coupable que le capitaine avait voulu me le faire paraître à ses yeux, me dit en me frappaut sur l'épaule : *Il ne faut pas s'emporter ainsi.* Alors, lui ayant remis mon certificat et expliqué mes raisons, l'on ne me retira pas mes galons ; cependant le capitaine m'ayant intimé l'ordre de me rendre à la salle de police, je n'en fis rien.

J'ai su depuis que ma conduite avait été généralement approuvée et même qu'elle avait inspiré de l'intérêt et de la pitié en ma faveur aux femmes et aux filles de l'endroit, qui se disaient, les larmes aux yeux : « Hélas ! mon fils ou mon frère est peut-être en ce moment traité avec autant de sévérité. » A cette époque il n'y avait pas de famille qui n'eût un de ses membres sous les drapeaux.

Au lieu d'aller à la salle de police, j'allais à la danse avec mes camarades, où je m'amusais mieux qu'où le capitaine avait voulu m'envoyer, lorsque j'aperçus celui-ci qui se promenait du côté de la danse : ayant voulu éviter qu'il me vît, je pris le parti de rentrer à mon logement, et je crois que je fis bien, car, sans cela, je n'en aurais pas été le bon marchand. Tout le temps que nous restâmes encore à Vorges nous le passâmes à aller à l'exercice jusqu'au moment où nous reçûmes l'ordre de nous rendre à Lesquilles près Guise. Du reste, tout se passa à peu près comme dans les autres garnisons, c'est-à-dire, qu'il y avait toujours quelques amourettes en train qui amenaient fort souvent des disputes ; ensuite j'avais toujours à me glorifier des gratifications que me donnait mon capitaine, ce dont je me serais bien passé, et ce qui me rendait esclave de mon devoir.

Je rapporterai à ce sujet une querelle que j'eus avec trois voltigeurs du régiment, qui logeaient chez un paysan dont je courtisais la fille : un certain jour il leur prit fantaisie, comme ils étaient jaloux de moi, de me défendre l'entrée de la maison, et de me dire qu'ils ne voulaient pas que je parlasse davantage à la demoiselle. N'étant pas très disposé à faire cas de leur défense, je leur répondis que je me moquais de leurs ordres, et que tant que cela me ferait plaisir je viendrais voir ma maîtresse ; en effet, le lendemain même j'y allai, et les trouvant là tous les trois, ils ne me virent pas plus tôt entrer qu'ils se mirent en devoir de me mettre à la porte, ce à quoi ne pouvant pas consentir tout en faisant résistance, je reçus un vigoureux coup de poing sur le nez qui fit aussitôt jaillir le sang; alors, ne me connaissant plus et la colère me suffoquant, j'attrapai le moins vigoureux des trois voltigeurs, et rossai les deux autres avec.

Quand je fus las de frapper, je reposai le camarade à terre, et m'adressant à celui qui avait apostrophé mon nez avec aussi peu de ménagement, je lui dis que nous réglerions notre compte après l'appel; et après m'être débar-bouillé, je fus avec un témoin retrouver mon individu, et nous nous mîmes en route pour vider notre querelle. Mais il avait eu le temps de prévenir le maître d'armes de sa compagnie, et nous avions à peine mis le sabre à la main, que nous vîmes arriver celui-ci qui nous demanda de quoi il s'agissait, malgré qu'il en eût été informé déjà, et nous défendit de continuer disant qu'il arrangerait cette affaire avec le maître d'armes des grenadiers. Mais ayant jugé entre eux qu'il était peu séant qu'il y eût des affaires entre hommes du même régiment, nos maîtres respectifs nous firent des représentations à cet égard et nous intimèrent l'ordre de ne pas donner suite à cette affaire; de sorte que tout se termina là, et que j'en fus quitte pour garder mon coup de poing, les voltigeurs pour avoir été battus, et ma maîtresse pour n'oser sortir jusqu'au moment où nous partîmes des Lesquilles, attendu que l'affaire avait fait du bruit et attaqué tant soit peu sa réputation.

Quelques jours après, nous reçûmes l'ordre de partir de Lesquilles et de nous diriger sur Avannes, où nous restâmes quelques jours ; prenant ensuite la route de Maubeuge pour arriver à Charleroy, où, le 15 juin, nous retrouvâmes l'armée française et le quartier général de l'Empereur, dont la présence électrisait les troupes au point qu'il était impossible de les contenir. Après plusieurs combats très opiniâtres et très meurtriers, les Français enlevèrent successivement toutes les positions où l'ennemi tenta de les arrêter.

Le 16, vers trois heures du matin, les colonnes de l'armée française se dirigèrent sur Fleurus. Mon régiment, le 11e, et le 84e occupaient la droite au-dessus de Mont-Saint-Jean, le 18, depuis quatre heures jusqu'à neuf du soir. L'armée était déjà en déroute, et nous étions encore à notre poste quand nous vîmes que tout était perdu. Nous fûmes alors entraînés, et comme malgré nous, par le torrent, battant en retraite dans le plus grand désordre. Je ne donnerai aucun détail sur cette trop malheureuse journée; assez d'autres en ont retracé les circonstances mémorables.

On se rappelle que j'ai dit que mon capitaine était très sévère et parfois trop sévère. Il fut tué un instant après avoir intimé à un grenadier, blessé d'une balle qui avait pénétré dans le ventre, l'ordre de ne point quitter son rang. Sur les observations de ce soldat, il répondit : « Restez, ce n'est rien. » Cependant, malgré l'ordre du capitaine, nous le mîmes hors des rangs.

Il fallait fuir devant l'ennemi, et malgré l'espèce de désespoir que nous éprouvions à céder, dans notre propre pays, à ceux que nous avions tant de fois vaincus, il fallait fuir, et la seule route qui restait à prendre pour opérer la retraite était celle de Mont-Saint-Jean à Fleurus. Toute l'armée l'occupait, et le désordre le plus complet semblait ajouter au triste tableau de notre défaite : les chemins étaient couverts des débris de l'armée, et ces débris les rendaient impraticables. Je n'oublierai jamais que j'éprouvai alors une soif horrible et insupportable telle que jamais je ne l'éprouvai même à Cabréra; je l'étanchai en buvant de l'eau que je puisai dans les fossés, et cette eau, dans laquelle avaient séjourné des cadavres, était portée au dernier degré de fétidité et rougie du sang des blessés. A la sortie d'un village en deçà de Mont-Saint-Jean, village évacué par ses habitants, je rencontrai un camarade porteur de deux bouteilles pleines ; je lui demandai en grâce de me permettre de me désaltérer, mais il refusa en disant qu'on lui avait déjà pris plusieurs bouteilles. Il ne m'était pas possible de le perdre de vue, nous marchions très serrés et n'avançant pas plus qu'à une queue de spectacle, et en outre je le tenais par son habit de peur que la bouteille ne m'échappât. Il consentit à me laisser boire ; mais voyant que j'allais vider toute la bouteille, il me l'arracha des mains. Je puis assurer que dans cette circonstance je crus savourer un véritable nectar. J'étais harassé : nous ne nous étions pas reposés depuis trois jours et trois nuits ; j'avais les pieds en sang, et il fallait, sans nous arrêter, arriver à Charleroi, où nous pûmes nous procurer quelques rafraîchissements. Malgré la grande quantité de monde qu'il y avait, j'entrai dans une maison où j'obtins un peu de fromage et de la bière. Il arriva qu'on nous prévint que l'ennemi était aux portes de la ville, et cette triste nouvelle nous fit abandonner Charleroy et nous réfugier dans un village à deux lieues de la ville, où, n'en pouvant plus de fatigue, nous fîmes une halte de quelques heures. Nous étions tous couchés pêle-mêle chez le paysan, quinze ou vingt en tas, et retirés dans les granges, les écuries ou les cours. Néanmoins le courage ne m'abandonnait pas ; je savais ce que c'était que d'être prisonnier et je tremblais de le redevenir.

Dans la débâcle et sur la route, je fus extrêmement étonné de m'entendre appeler du titre de garde Wallonne. M'étant retourné, je fus agréablement surpris de voir, assis, et se reposant au pied d'un arbre, un ancien camarade des gardes Wallonnes à Balagos. Nous parlâmes du temps passé, et ce fut à ce sujet qu'il m'apprit comment il s'était échappé de Balagos. Il me raconta que, pendant les quatre ou cinq premiers jours, ils n'avaient marché que de nuit, et qu'au bout de ce temps, s'étant défait de leur uniforme de gardes Wallonnes et ayant quitté la route ils s'étaient présentés chez le maire d'un petit village isolé comme prisonniers français, en le suppliant de les mettre à même de continuer leur route ; que ce fonctionnaire, bon et crédule, leur avait délivré des feuilles de route en règle au moyen desquelles ils arrivèrent sains et saufs en France.

Je continuai ma route jusqu'à Avannes, et, tout en cheminant, j'avais cherché à réunir, le plus possible, les hommes de mon régiment; aussi, en arrivant à Avannes, je trouvai plusieurs officiers et environ cinq cents hommes du même régiment. Ce fut là que nous commençâmes à nous réunir.

Après nous être reposés peu d'heures, nous nous mîmes en marche pour Laon, où nous vîmes notre troupe s'augmenter passablement. Nous y restâmes quelques jours, tant pour prendre du repos que pour nous remettre en ordre de bataille. Nos régiments étaient campés sur les promenades, et c'est de Laon que nous partîmes en ordre.

Nous arrivâmes à Soissons où se réunirent enfin les débris de notre malheureuse armée.

Je ne suis qu'un vieux soldat, caporal de grenadiers, prisonnier de l'île de Cabréra; mes talents ne me permettent pas d'entrer dans des détails relatifs au sort de notre brave et malheureuse armée; assez en ont parlé pour ou contre, mais les louanges dont elle a été l'objet n'ont jamais présenté rien d'outré à ceux qui surent apprécier son courage et sa noble résignation.

Nous restâmes cinq à six jours soit à Soissons, soit dans les environs. Je fis alors une rencontre assez agréable; ce fut celle d'une vivandière dont la figure me frappa d'abord. Cherchant à me la rappeler, je la reconnus bientôt pour être une voisine de Paris, et que je n'avais pas vue depuis 1806. Je l'appelai cependant par son nom; mais quoique nous nous fussions avancés l'un vers l'autre, elle ne me reconnut point; et, après lui avoir rappelé les circonstances où nous nous étions trouvés ensemble, elle me dit qu'elle était mariée, et nous nous séparâmes.

Quelques jours après, elle revint sans son mari : nous prîmes quelques rafraîchissements, et j'avoue que je revis avec plaisir, après plus de neuf ans d'absence, une voisine qui m'avait toujours été chère.

Nous partîmes de Soissons pour Paris : l'ennemi était près de nous, principalement les Anglais, car étant arrivés à la Patte-d'Oie, ils s'y trouvèrent en même temps que nous. Nous nous rangeâmes en ordre de bataille, de chaque côté de la route, et au milieu de nous défilaient nos caissons, nos canons et le peu de cavalerie qui nous restait. Enfin, nous continuâmes notre route jusqu'au Bourget, que notre armée fut obligée de traverser pour arriver à Paris.

Dans la plaine Saint-Denis chaque régiment reprit sa position respective. Le mien fut placé en face des Vertus, près le canal. Nous étions sur la défensive, garantis par des redoutes qui avaient été faites à la hâte. De part et d'autre on échangea quelques coups de canon et de fusil. Je ne crois devoir encore ici entrer dans aucun détail sur ce qui s'est passé ; tout le monde, d'ailleurs en a connaissance.

Il y eut une suspension d'armes pendant trois jours, durant lesquels on mit à l'ordre, dans tous les corps, la nouvelle de l'arrivée du roi, le départ de l'empereur et la retraite de l'armée française sur les bords de la Loire.

J'étais de garde à la Chapelle chez le général de brigade, où j'avais appris l'ordre du jour qui reléguait l'armée sur les bords de la Loire. Mon temps de service était achevé ; j'étais et devais être las de l'état militaire ; je résolus donc de dire adieu, tout bas, au régiment et à l'armée. Or donc, mon régiment traversant le faubourg Saint-Denis pour se rendre à l'armée de la Loire, près de la rue Saint-Laurent, je fis demi-tour et me rendis chez un de mes amis. Là, je quittai l'habit militaire, coupai mes moustaches et ma queue, et transformé en bourgeois, j'eus alors le temps de promener, dans

Paris, mes rêveries philosophiques sur l'instabilité des choses humaines, consolé, du reste, par l'espoir de n'être plus exposé aux souffrances que j'avais endurées.

Le lendemain, 8 juillet 1825, jour à jamais mémorable, profitant de ma liberté, je voulus jouir du spectacle imposant et superbe de la rentrée de Sa Majesté Louis XVIII, et chacun sait jusqu'à quel point le bonheur était grand pour la majeure partie de la population de la capitale ; l'on sait aussi jusqu'où l'enthousiasme et la joie furent portés ; je n'entrerai donc pas dans le détail de ce qui se passa dans cette journée : c'était une véritable fête de famille, et l'on aurait dit que tous les cœurs s'entendaient pour proclamer les vertus du monarque, digne successeur de Henri IV.

Je rencontrai, dans la foule qui encombrait les endroits par où passait le cortège, un de mes anciens camarades d'infortune à Cabréra, et que je n'avais pas vu depuis qu'il avait eu le bonheur de s'en échapper, il y avait à peu près deux ans : nous ne pouvions nous retrouver dans un plus beau moment ; aussi notre reconnaissance n'en fut que plus touchante. Ayant décidé que nous passerions la journée ensemble, et voulant qu'elle fût toute consacrée au plaisir que nous éprouvions en nous revoyant sous d'aussi heureux auspices, nous entrâmes, avec une dame qui l'accompagnait, dans un restaurant où nous fîmes un repas en réjouissances du plaisir que nous goûtions. La personne qui était avec nous, émue de toutes les marques d'amitié que nous nous prodiguions, nous proposa d'aller chercher une de ses amies, qui demeurait dans le voisinage, pour la faire participer à la fête ; ayant accepté avec empressement, nous ne tardâmes pas à la voir revenir accompagnée de celle dont elle nous avait parlé.

Bientôt, après avoir raconté à ces deux dames une partie de nos aventures, ce qui parut les intéresser beaucoup, la conversation devint générale, et je dois dire ici que je trouvai la nouvelle venue assez de mon goût ; mais je ne prévoyais pas alors que j'unirais ma destinée à la sienne, car il m'était impossible de lire dans l'avenir ; mais je serais tenté de croire, par ce qui m'arriva, qu'il existe entre deux individus de sexes différents une certaine sympathie attractive qui les rapproche l'un vers l'autre quand ils sont appelés à se convenir.

Comme nous ne pouvions pas toujours rester à table, nous nous disposâmes à aller prendre part aux réjouissances qui devaient signaler le retour de notre bien-aimé roi, et ayant offert mon bras à la demoiselle en question, nous commençâmes à parler de choses indifférentes, comme cela se pratique en pareille circonstance, et finîmes par nous entretenir d'autres plus sérieuses, si l'on veut, puisqu'il s'agissait de sentiment; et, quand le soir vint, nous commencions déjà à nous plaire pas mal.

Après avoir vu tout, ou à peu près tout ce qu'il y avait à voir cette journée-là, nous trouvâmes, mon camarade et moi, qu'il était temps d'aller nous reposer des fatigues et de rentrer; alors, m'étant offert de reconduire la demoiselle chez elle, la proposition fut acceptée. Lorsqu'elle fut à sa porte, je ne la quittai qu'après avoir sollicité la faveur de venir lui présenter mes hommages, ce qu'elle ne me refusa pas; et, après l'avoir saluée, je m'en retournai avec mon camarade et sa compagne, et l'on se doute bien qu'il fut encore question de la demoiselle. Le lendemain, bien que je n'eusse encore rien de bien décidément prononcé relativement à l'état de mon cœur, je fus néanmoins rendre une visite, sous le prétexte de m'informer de la santé de mademoiselle, et savoir si elle était délassée **des fatigues de la veille**; enfin, peu à peu l'intimité s'étant établie entre nous, comme nous nous convenions réciproquement, il en résulta un mariage, et, de ce mariage, sept enfants, qui me font oublier aujourd'hui toutes les peines et les tourments que j'ai pu endurer.

Je dois, avant de conclure, dire que je trouvai, dans un grand nombre de mes camarades, sinon des appuis réels, du moins de véritables amis, au nombre desquels je puis citer comme exemple un d'eux, nommé Lemoine, qui, à mon arrivée à Paris, m'a rendu le plus signalé service, puisqu'il s'est employé pour me procurer du travail; mais comme ce qui m'arriva depuis, à l'exception de ce qui a amené la circonstance de mon mariage, rentre dans la classe des choses très ordinaires, je crois devoir terminer ici mes Souvenirs, qui, s'ils n'ont pas le mérite d'être écrits avec toute la pureté de style que l'on rencontre dans d'autres ouvrages de ce genre, ont au moins l'avantage d'être écrits avec vérité, ce qui méritera sans doute au prisonnier de l'île de Cabréra l'indulgence de ses lecteurs.

Ceux qui existent encore aujourd'hui ne se rappellent plus les souffrances inouïes qu'ils ont endurées, que comme on se souvient d'un songe pénible : le beau soleil de la patrie se lève chaque jour sur eux, tout est oublié. Ils étaient courbés, abattus sous le poids de la plus affreuse misère ; ils ont touché le sol de la France, leur tête s'est relevée ; mais chacun d'eux sera toujours fier de pouvoir dire : « Et moi aussi j'ai payé ma dette à la patrie. »